Bibliothèque Politique et Economique

PIERRE PEZEU

LES HOMMES

QU'IL NOUS FAUT
POUR ORGANISER LÁ PRODUCTION

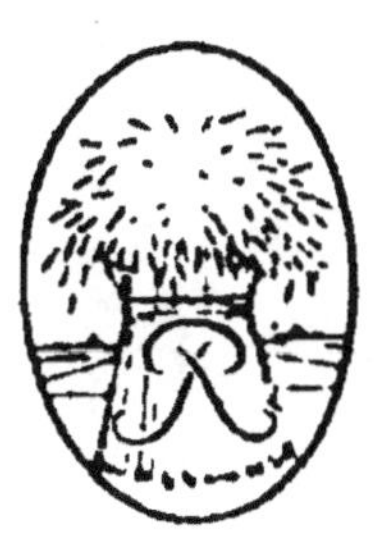

PAYOT, PARIS

LES HOMMES
QU'IL NOUS FAUT

PIERRE PEZEU

LES HOMMES QU'IL NOUS FAUT

POUR ORGANISER LA PRODUCTION

PAYOT & Cie, PARIS

106, BOULEVARD SAINT-GERMAIN, 106

1920

Tous droits réservés

AVANT-PROPOS

On ne doit pas s'attendre à trouver dans cet ouvrage une étude didactique complète de l'Education des chefs pour l'industrie. Le travail que je présente n'est que le relevé, forcément incomplet de notes prises au cours de nombreuses années consacrées à la formation et au commandement des hommes (1).

Officier, je me suis appliqué à étudier les questions morales et physiologiques qui intéressent le soldat (2). Entré dans l'industrie, j'ai vécu au contact de l'ouvrier comme stagiaire d'abord, et puis comme ingénieur, chef d'ateliers et directeur d'une Société industrielle.

La mobilisation m'a replacé à la tête d'une Compagnie et je n'ai cessé, depuis, d'occuper, dans la troupe ou aux états-majors, des postes auxquels j'ai dû m'exercer encore dans l'art de commander et d'organiser.

Au cours de ma carrière j'ai bien souvent noté par

(1) Cette étude a été publiée dans la *Revue de la Métallurgie* de mai à octobre 1918, sous le titre : *Les hommes qu'il nous faut pour l'organisation du travail.* Je me permets de remercier ici bien respectueusement l'éminent propagateur des idées nouvelles qu'est M. Henry Le Chatelier qui m'a donné de la manière la plus large et la plus efficace ses conseils et son appui.

(2) Etudes faites : *De nouveaux principes d'éducation physique dans l'Armée. — La Gymnastique et les Sports dans l'Armée. — La Mutualité dans l'Armée. — L'antimilitarisme.*

écrit les remarques que me suggéraient les circonstances, mais la vie industrielle ne se prête pas aux travaux spéculatifs, pas plus d'ailleurs que la vie aux armées.

Ces notes n'auraient certainement jamais été exhumées si les loisirs d'un séjour de plusieurs semaines à l'hôpital, loin de toute préoccupation d'action immédiate, loisirs employés à me remettre au courant des questions d'organisation industrielle qui ont fait tant de chemin depuis trois ans, ne m'avaient fait sentir que mon travail pourrait être de quelque utilité et ne m'avait permis de revoir et de mettre en ordre ces notes prises, pour la plupart, depuis longtemps.

J'ai été particulièrement frappé par le désir qu'exprime en ces termes M. Henry Le Chatelier dans son étude sur le *Facteur Humain* (1) :

« *Toute cette psychologie ouvrière, très intéressante et étudiée avec tant de soin par Taylor et ses adeptes, ne figure dans aucun de nos enseignements. Il y aurait là encore des sujets de conférences extrêmement utiles à condition de trouver le psychologue « rara avis » capable de donner cet enseignement. Il doit à la fois avoir commandé des hommes et l'avoir fait avec un esprit curieux et observateur. Quelques industriels retirés des affaires, quelques officiers pourraient sans doute dire sur ce sujet des choses intéressantes à leurs jeunes camarades.* »

Je ne saurais prétendre être le « rara avis » et on ne

---

(1) Henry Le Chatelier : Fr. W. Taylor (1856-1915). Organisation scientifique. Principes et applications. (Extrait de la *Revue de la Métallurgie*, avril 1915).

sentira que trop, dans le fond comme dans la forme et dans l'imprécision de la documentation, la hâte avec laquelle a dû être fait ce travail.

Mais, ainsi que le dit James Hartness : « Mieux vaut apporter dès à présent sa faible obole que d'attendre plus longtemps l'espoir de pouvoir disposer d'une grosse somme. »

Dans les temps actuels, plus que jamais, il faut se hâter d'agir, car les événements se précipitent et personne ne peut compter sur le lendemain !

Mon travail terminé, j'ai trouvé un nouvel et puissant encouragement à la lecture de l'ouvrage si précis que vient de publier M. Henri Fayol. « Administration Industrielle et Générale » (1).

M. Fayol s'exprime ainsi :

« Il importe donc d'établir le plus tôt possible une doctrine administrative ».

« Ce ne serait ni bien long ni bien difficile si quelques grands chefs se décidaient à exposer leurs idées personnelles sur les principes qu'ils considèrent comme les plus propres à favoriser la marche des affaires et sur les moyens les plus favorables à la réalisation de ces principes... Mais la plupart des grands chefs n'ont ni le temps ni le goût d'écrire et ils disparaissent le plus souvent sans

---

(1) *Administration industrielle et générale*, par M. Henri Fayol, Directeur Général de la Société Anonyme de Commentry Fourchambault et Decazeville, Président du Comité de Direction de la Société Métallurgique de Pont-à-Vendin, etc. — (Librairie de Commerce et Industrie, 29, Boulevard des Italiens).

laisser ni doctrine ni disciples. Il ne faut donc pas trop compter sur cette ressource. »

« Il n'est heureusement pas nécessaire de gouverner une grande entreprise ni de présenter une étude magistrale pour apporter un concours utile à la constitution d'une doctrine. La moindre observation bien faite a sa valeur, et comme le nombre des observations bien faites est illimité, on peut espérer que, une fois le courant établi, il ne s'arrêtera plus ; il s'agit de déterminer ce courant, d'ouvrir la discussion publique... »

Ce que demande M. Fayol est exactement ce que je m'étais proposé de réaliser. Mon seul désir est de voir mon travail apporter un concours utile à la constitution d'une doctrine.

INTRODUCTION

Les méthodes rationnelles d'études exigent des laboratoires. C'est à leurs vastes laboratoires de recherches scientifiques que les grandes industries de l'étranger ont dû les immenses progrès qu'elles ont réalisés si rapidement.

Or, il est une série de questions qui se présentent en ce moment, au tout premier plan, dans l'industrie, pour permettre d'obtenir avec le minimum de personnel et de dépenses le rendement maximum, aux armées pour conduire nos troupes à l'accomplissement intégral de leur héroïque devoir. Ce sont les questions de commandement, d'autorité, de facteur humain, de moral, d'obéissance, d'entraînement, de dévouement, de rendement, de discipline, de bon esprit, etc. qui paraissent plus que jamais en opposition violente avec celles de liberté individuelle, d'indépendance, d'égalité sociale, de désir du bien-être, de défiance du principe de l'autorité.

Il semble qu'il n'a jamais été plus nécessaire d'étudier ces questions, de les analyser, de les disséquer comme au laboratoire et il convient, ainsi que l'a demandé M. Henry Le Chatelier, que tous ceux qui ont eu à conduire des hommes mettent toutes leurs connaissances à la disposition des jeunes gens qui se destinent à l'industrie.

Il faut que chacun exprime ses idées, idées qui jaillissent nombreuses au milieu de toutes les occupations qu'entraîne la conduite d'un personnel.

Toutes ces idées, réunies dans un vrai laboratoire social seraient ordonnées, classées, synthétisées, et il en sortirait une science, ou, si l'on préfère, un art de première nécessité, dont il n'existe chez nous pas même l'embryon : la connaissance de ce que les Américains ont appelé « le facteur humain » et de ce que nous appelons en France « l'Art de commander ».

GÉNÉRALITÉS SUR L'ART
DE COMMANDER DANS L'INDUSTRIE

DIVISION DE CETTE ÉTUDE

Si l'enseignement de l'art de commander les hommes dans l'industrie a été aussi négligé chez nous, s'il n'est encore que peu développé dans les pays les plus avancés au point de vue des affaires, c'est que l'on a complètement perdu de vue l'importance pourtant primordiale de l'action des chefs sur le personnel.

On a oublié le vieil adage « tant vaut le chef, tant vaut la troupe » parce que l'on ne croyait plus que le maintien de la valeur morale et professionnelle du personnel était resté, malgré tous les progrès du machinisme, un des éléments essentiels de la réussite.

Dans l'ancienne organisation industrielle, le chef, le patron, vivait constamment au milieu d'un petit nombre d'ouvriers. Il partageait leurs travaux et leur vie, et se montrait généralement plus adroit et plus expérimenté qu'aucun d'eux. Son autorité était entièrement personnelle ; la réussite de ses affaires dépendait en grande partie de l'usage qu'il savait en faire. Mais cette autorité ne s'exerçait que sur un petit nombre d'hommes et n'avait aucune répercussion sur la société en général.

Le développement de la science, et les grandes inventions ont complètement modifié les conditions du travail. L'industrie est soumise à une tendance générale à la concentration et cette tendance s'accroît encore chaque jour. On constate à tout instant de nouvelles augmentations dans le personnel déjà formidable des grandes industries que l'on considère comme les modèles de ce que doivent être les affaires de l'avenir. Les chiffres 20.000, 40.000, 50.000 ouvriers réunis dans la même usine ne sont plus du domaine de l'invraisemblance.

La vie des ouvriers, aussi bien dans l'usine qu'en dehors de l'usine, s'est modifiée en même temps que les conditions du travail.

Dans l'usine on tend de plus en plus à la spécialisation de chacun et au groupement par spécialités pour l'exécution d'un travail complètement préparé d'avance.

Hors de l'usine, les ouvriers se trouvent réunis en grandes masses dans des villages, dans des quartiers ou même dans des villes entières et leur vie est devenue pour ainsi dire collective. Les particularités communes à tous ces hommes ont été mises en relief ; leurs aspirations, leurs intérêts, leurs peines sont devenus plus tangibles, leurs plaintes, leurs récriminations, beaucoup plus âpres. Chacun a senti avec bien plus de force ce qui touchait l'ensemble.

Cette centralisation du personnel, jointe à la diminution de sa capacité professionnelle, l'adoption de méthodes de spécialisation à outrance, la part prépondérante qu'a prise l'organisation, rendent le rôle du chef de plus en plus important et son action directe sur le personnel de plus en plus nécessaire.

Beaucoup d'industriels ne l'ont pas compris. Ils se sont cantonnés personnellement dans la partie commerciale et l'administration générale, ont confié leurs études techniques à des ingénieurs, leurs services administratifs à des hommes d'une certaine instruction, mais qui auraient cru déchoir en s'approchant des ouvriers. Par mépris, par négligence ou peut-être par crainte, ils se sont éloignés de leur personnel qu'ils ont complètement abandonné à leurs contre-maîtres.

Ces derniers, d'anciens ouvriers, généralement, ne recevaient aucune direction morale : on leur demandait seulement d'obtenir du travail au plus bas prix et d'éviter tout conflit. Ils s'appliquaient de leur mieux, mettaient en œuvre toute leur expérience, faisaient des prodiges de dévouement, d'activité, d'énergie et de bonne volonté. Mais, quel que fût leur désir de bien faire, il leur manquait d'avoir été exercés à développer les qualités et les facultés nécessaires pour commander un personnel nombreux. Beaucoup d'entre eux, faute d'autre moyen d'action, ont cru qu'il fallait avant tout se faire craindre ; pour se faire craindre, ils se sont fait détester et ont fait détester en même temps l'autorité qu'ils représentaient.

Pour conduire les hommes, il faut agir avec fermeté, mais il faut que cette fermeté soit empreinte de bonté et qu'elle soit réglée par le tact.

Il faut savoir faire abstraction des mille petites difficultés de la vie, des mille défectuosités du caractère de ceux qui vous entourent pour n'envisager que le but principal. Cela est difficile pour tout le monde, mais si les hommes qui ont reçu de l'éducation et une culture générale assez développée y parviennent, il est bien rare que les esprits peu cultivés puissent y arriver.

Leur étroitesse de vue se traduit par la susceptibilité, par une certaine défiance qui dégénère facilement en partialité, en injustice.

Or, l'ouvrier, comme tous les hommes simples, a avant tout un besoin absolu de justice. Il veut la justice et il craint toujours qu'elle ne lui soit pas rendue ! Quand il a été trompé, il n'est pas long à s'en rendre compte et, dès lors, la confiance cesse, la bonne entente disparaît, l'association est rompue.

On a fait bien souvent la constatation dans l'armée, et, plus la guerre se prolonge, plus la constatation est facile, que dès que des officiers négligent de s'occuper de leurs hommes, qu'ils cessent de les suivre de près, de vivre au milieu d'eux, qu'ils les abandonnent aux mains de chefs subalternes, le moral de leur troupe baisse, la fatigue augmente, le désarroi se produit, le rendement diminue dans une large proportion et la rapidité avec laquelle ce phénomène se produit est aussi surprenante que l'intensité de son action. Nous avons vu quelquefois des unités privées de leur chef depuis plusieurs semaines où, malgré l'énergie individuelle des gradés et de la plupart des hommes, on sentait qu'aucun effort n'était plus possible ! C'est dans une telle situation qu'une troupe en ligne faillit à son devoir, c'est dans ces conditions que les mauvais esprits ont sur leur entourage une influence néfaste !

Les choses se passent certainement de même dans l'industrie. L'abandon de milliers d'ouvriers à des chefs subalternes qui n'étaient pas en mesure de travailler à leur élévation morale et qui, d'ailleurs, n'en avaient pas reçu la mission, est la grande cause de l'antagonisme qui s'est créé et développé entre les patrons et les travailleurs.

Que l'on réagisse contre cet état de choses, que des chefs intelligents, instruits, éclairés, habitués à conduire les hommes, soient incorporés dans le personnel dirigeant, et l'on sera surpris de voir avec quelle rapidité le différend cessera pour faire place à une association où l'on travaillera en toute confiance pour le but commun.

Le *Bulletin officiel* de la Chambre syndicale des constructeurs d'automobiles a publié en novembre 1917 un article très remarquable sur la nécessité d'établir dans l'industrie comme à l'armée la « liaison » entre les chefs et les ouvriers :

« Un chef est nécessaire, où que ce soit, tant à l'usine qu'à la tranchée, un vrai chef, un chef comprenant les hommes, les découvrant, les devinant, prenant sur eux un ascendant moral. Moral, insistons-nous ; car avec des leviers purement matériels on n'est pas un chef, voire à peine un patron, et Dieu sait toute la nuance entre ces termes dans l'esprit du salarié ». Cet article vient on ne peut plus à l'appui de notre opinion.

On compte beaucoup sur les systèmes d'organisation scientifique des usines pour parvenir à reprendre avec un personnel bien diminué et de connaissances professionnelles très réduites la place que nous n'aurions pas dû perdre au point de vue économique.

Certes, l'organisation scientifique doit faire des merveilles, mais on ne peut espérer en obtenir de résultat sérieux que lorsqu'on aura modifié les anciennes méthodes de conduite du personnel. On doit être bien persuadé que l'organisation scientifique demande d'autant plus de compétence et d'autant plus d'efforts de la part des chefs, qu'elle est plus perfectionnée. On doit savoir que, plus un personnel est nombreux et recruté au hasard, plus il demande à être fortement encadré.

L'importance du rôle des chefs sera donc encore considérablement accrue dans l'avenir. Après le bouleversement général, les hommes se rangeront tout naturellement derrière ceux qu'ils sentiront capables de les guider dans le chemin de l'activité et du succès ; la puissance d'une industrie résidera de plus en plus dans ses chefs.

La fonction du chef est la plus grande et la plus belle qui puisse incomber à un homme !

Qu'il ait à commander une armée, à diriger une usine, ou seulement à conduire quelques hommes, sa personnalité est pour ainsi dire multipliée. Ses pensées, ses paroles, ses actes, comme aussi ses faiblesses et ses omissions se répercutent sur son personnel et produisent des effets qui sont hors de proportion avec ceux qui pourraient être produits par un individu isolé.

Il ne peut être d'art plus grand que de s'efforcer constamment à lutter contre les défauts, les passions, les mauvais penchants que l'on trouve au fond de toute société et de mettre en lumière les qualités admirables qui s'y cachent et qui restent trop souvent inutilisées !

Il ne peut être rendu de plus grand service à la Société, que d'élever le moral des hommes dont on a la charge et de développer ainsi par leur intermédiaire son pouvoir de faire le bien !

Il ne peut être de profession plus élevée que celle qui oblige l'homme à mettre en œuvre ses plus belles qualités : énergie, volonté, activité, intelligence, logique, sens pratique, sens moral, justice, instruction, franchise !

L'action du chef ne peut pas se limiter à l'usine. Qu'il le veuille ou non, son influence s'étendra au dehors, en bien ou en mal.

Aussi, tout en s'efforçant de parvenir au but qui est, dans l'industrie, de tirer des hommes, des circonstances et des choses le maximum de rendement, il doit avoir le souci constant du bien-être matériel et moral de son personnel.

Cela lui est facile ; l'approche quotidienne de ses hommes l'amènera vite à leur porter de l'intérêt, à se préoccuper de leur situation, à porter remède à leurs maux de tout son pouvoir.

Il doit aimer ses hommes et s'attacher à eux ; rien de ce qui les concerne ne doit lui être indifférent. Il ne s'appartient pas ; il appartient au personnel qui lui consacre le meilleur de sa vie et qui doit être en droit de compter sur lui.

Le pays, fatigué mais non épuisé par des années de lutte, a plus que jamais besoin d'hommes énergiques, actifs, entreprenants. Bien des énergies qui sommeillaient ont été réveillées par le rapprochement des classes, des professions, des régions.

Il faut que les jeunes gens qui se sentent capables d'imposer leur volonté par leur supériorité morale et par leur exemple, de ne pas faiblir dans les circonstances difficiles qui se présenteront fréquemment, et qui, en outre, croient pouvoir faire preuve d'un dévouement de tous les instants, sachent que leur devoir est de renoncer volontairement à la vie exempte de soucis que leur offrent les carrières libérales et les fonctions de l'Etat, pour se lancer dans la vie qui intensifie au plus haut degré les facultés les plus élevées.

Montrons-leur comment ils doivent aller de l'avant sans arrière pensée et comment ils pourront ainsi collaborer puissamment à la grandeur du pays, sans avoir à se préoccuper de leur intérêt personnel car la fortune sourit toujours aux audacieux et aux laborieux.

Apprenons-leur l'art de commander, qui est l'art que devront posséder au plus haut degré les hommes qu'il nous faut pour la réorganisation du travail.

L'étude de l'art de commander peut se réduire aux propositions suivantes :

1º Se connaître soi-même.

Pour savoir commander aux hommes, il faut d'abord savoir se commander soi-même. Il faut s'étudier, connaître et « contrôler » ses facultés, ses qualités, ses aptitudes et ses défauts.

2º Connaître ses hommes.

Il faut, tout autant que se connaître soi-même, connaître la société humaine sur laquelle on aura à agir. La société ouvrière est, comme toute société, soumise aux entraînements les plus divers. Le rôle du chef est de diriger les uns et de réprimer les autres, de les utiliser en vue du rendement qu'il recherche.

3º Adopter des méthodes.

La connaissance de lui-même et celle des hommes qu'il aura à diriger ne peut être utile au chef d'industrie que s'il en tire des conclusions pratiques et s'il adapte des méthodes de commandement et de direction. Le choix des méthodes peut varier à l'infini ; néanmoins il est un certain nombre de principes généraux concernant l'organisation générale, les ordres, les systèmes de salaires, qui ne peuvent pas s'improviser et qui demandent une étude approfondie.

L'étude de chacune de ces trois propositions fera l'objet de chacune des parties de ce travail.

Il conviendra au lecteur de prendre parmi les idées qui y ont été rassemblées celles qui lui sont plus particulièrement nécessaires et qui s'adaptent le mieux à son cas particulier.

Il devra se souvenir qu'on ne peut devenir un chef parfait qu'au moyen de longues études et d'une éducation complète. Nous reviendrons souvent au cours de cette étude sur cette idée que Taylor a exprimée ainsi :

« L'idée directrice des générations passées était contenue dans le dicton suivant : « On naît chef d'industrie, on ne le devient pas » et la théorie était que lorsqu'on avait réussi à dénicher l'homme, qui convenait à la place, on pouvait, en toute sécurité, lui laisser le choix des méthodes. Désormais il faudra s'accoutumer à l'idée que nos chefs d'usine devront être formés à leur métier et qu'il n'y a pas d'homme, si habile soit-il, qui puisse espérer lutter avec succès contre un groupement d'hommes très ordinaires, mais bien organisés et coordonnant leurs efforts. »

PREMIÈRE PARTIE

Se connaître soi-même

L'étude de soi-même comprend l'examen :

1º Des facultés naturelles qui rendent l'homme capable d'agir dans la voie qu'il s'est tracée ;

2º Des qualités et des défauts qui sont des habitudes innées ou qui ont pu être développées par l'éducation. Ils résultent de la mise en œuvre, en bien ou en mal, des facultés ;

3º Des connaissances acquises ou à acquérir par l'étude, par l'éducation ou par l'expérience ;

4º Des méthodes personnelles que chacun de nous doit adopter pour accroître ses facultés utiles, mettre en relief ses qualités, estomper ses défauts et utiliser ses connaissances et son expérience.

CHAPITRE PREMIER

CONNAITRE ET UTILISER SES FACULTÉS

L'énergie.

La faculté la plus indispensable à l'homme dont la fonction est d'agir constamment sur ses semblables est l'énergie.

C'est par l'énergie que l'homme se commande lui-même ; on conçoit donc qu'elle soit nécessaire au suprême degré chez le chef, puisqu'il doit commander à lui-même d'abord, aux autres ensuite.

L'énergie est la manifestation de la puissance ; au point de vue moral comme au point de vue physique, c'est la capacité que nous avons d'*agir* dans les actions normales pour atteindre le but cherché, de *réagir* contre les obstacles qui se présentent pour nous arrêter, de supporter les fatigues et les peines qu'entraîne toute action prolongée.

Il y a donc :

Une énergie d'action ;

Une énergie de réaction ;

Une énergie d'endurance.

L'énergie d'action est le propre des jeunes, des audacieux, des gens « allants ». Elle se manifeste par l'activité. C'est la force motrice morale ; elle est nécessaire pour utiliser avantageusement la loi d'inertie qui s'applique à toute chose dans l'univers.

L'énergie de réaction se manifeste particulièrement

dans les circonstances critiques. Tel homme qui, dans la vie normale, ne se distingue par aucune qualité spéciale, sent ses facultés s'accroître devant le danger, en présence des circonstances difficiles. Il voit plus clairement que personne les causes du mal, connaît les décisions à prendre, sait les indiquer, les ordonner. Il s'impose réellement.

Rien ne donne confiance en soi comme de se sentir cette énergie de réaction qui fait trouver, en présence du personnel, les paroles et les actes qui en imposent ; dans un accident, les moyens de sauvetage ; au combat la manœuvre qui assure le succès ; dans les mille difficultés de la vie industrielle, la solution rapide et juste.

Cette sorte d'énergie peut être un don ; en tous cas elle est un don qui s'accroît tout particulièrement chez les hommes qui ont été souvent mis en présence des situations difficiles. Elle peut être développée par la fréquentation des réunions publiques, mais sa véritable école est la lutte contre les difficultés de la vie, et aussi l'exécution de travaux audacieux ou encore la pratique des sports.

L'énergie d'endurance permet de supporter la fatigue, l'adversité, la contradiction. C'est grâce à elle que l'on parvient à ne pas se décourager.

C'est cette énergie qui donne la *persévérance* qui est un des principaux facteurs du succès dans l'industrie. L'homme persévérant, une fois qu'il a arrêté une idée, en pousse l'exécution jusqu'au bout, quoi qu'il puisse arriver. Il sait qu'il faut courber le dos sous l'orage car, dans les affaires, le dicton : « après la pluie le beau temps » se réalise toujours.

Toutefois la qualité d'endurance doit être suivie de près. Dès qu'elle ne demande plus d'effort, elle ne tarde pas à dégénérer en insouciance, nonchalance, paresse, aveulissement.

L'énergie sous toutes ses formes peut être développée chez celui qui en a le désir et la volonté. Il doit y penser toujours et se rappeler, dès qu'il a le choix entre plusieurs solutions, qu'il doit prendre la solution « énergique ». Ce sera, en général, la solution qui visera au résultat le plus élevé ; ce sera celle qui fera le plus abstraction des menus agréments de la vie ; ce sera aussi, bien souvent, la solution la plus ardue, la plus pénible, la plus ennuyeuse. La solution à éviter sera celle qui ne vise qu'à flatter davantage les goûts personnels, qui est motivée par le désir du moindre effort.

Un chef doit se lever tôt ; il devrait être au travail avant le premier de ses hommes et y être encore après le dernier ; il doit savoir se dominer, éviter le sybaritisme et se priver de certains plaisirs inutiles, surtout quand ils menacent de passer à l'état d'habitude.

D'ailleurs, la vie active, sous toutes ses formes, développe l'énergie en mettant l'homme en présence des réalités , en le forçant à résister à ses penchants, en augmentant encore en lui l'amour de l'action.

La vie de l'agriculteur, dans laquelle, par le jeu même des saisons, il faut apprendre à attendre sans désespérer un résultat souvent très incertain, à supporter les intempéries, à accepter leur influence sur les cultures, développe à un très haut degré l'endurance et la patience.

On a donc pu dire que l'agriculteur agit surtout par énergie d'endurance, le militaire par énergie de réaction, l'industriel par énergie d'action.

Nous étudierons par la suite la manière dont peut s'utiliser cette énergie d'action, nécessaire à l'industriel.

Les principaux leviers de l'énergie sont le sentiment du devoir, le désir de réussir, l'ambition, la nécessité, l'appât du gain, mais le plus puissant de tous est certainement l'idéal.

Les sentiments de patrie, de famille, de religion, de dévouement, ont engendré les plus grands et les plus beaux actes d'énergie sous toutes ses formes. Cette puissance de l'idée sur l'énergie a été mise en relief par la théorie des idées-forces de M. Alfred Fouillée. Ces idées-forces agissent aussi bien sur les individus que sur les sociétés.

L'énergie est nécessaire au chef en toutes circonstances.

Il en a besoin pour fixer sa volonté et pour l'imposer à ses hommes, pour prévoir les résistances et pour lutter contre elles, pour imposer le calme dans les circonstances difficiles et pour faire naître autour de lui l'activité créatrice. L'énergie se prêche par l'exemple, et seul un homme énergique peut rendre son personnel actif.

Le chef a encore besoin d'énergie pour commander,

quelles que soient ses dispositions, malgré les préoccupations, malgré le mal, malgré la douleur. Toute la France a encore devant les yeux le magnifique exemple d'énergie donné par ce chef qui apprit la mort de son fils, tué au combat, au moment où lui-même donnait à son état-major des ordres de la plus haute importance. Il se recueillit un instant, puis, se raidissant contre la douleur, il se retourna vers ses officiers en disant simplement : « Messieurs, continuons ».

La Volonté

Vouloir une chose n'est pas seulement la désirer vivement, mais c'est encore faire tout ce qu'il faut pour l'obtenir.

Il y a des limites à l'action de vouloir : on peut vouloir une chose plus ou moins difficile, plus ou moins coûteuse. Ces limites peuvent aller jusqu'au sacrifice d'une fatigue, d'un travail pénible, d'une dépense de peine ou d'argent. A la guerre, elles vont jusqu'au sacrifice de la vie.

Il importe qu'un chef sache en tout temps jusqu'à quelles limites il a le droit et le devoir de vouloir. Il faut qu'il sache toujours quelle marge le sépare encore de la limite qu'il s'est tracée.

Le fonctionnaire, l'employé non intéressé, ne veut quelque chose que dans les limites où cette chose est rendue possible par les règlements de son administration. Dès qu'il est couvert, il cesse de vouloir.

Cet état d'esprit est la cause de la situation lamentable des services de l'Etat et de beaucoup d'industries, de leur stagnation, de leur peu de rendement. Nous verrons qu'il provient du recrutement, des règles de l'avancement, du manque d'initiative, d'un manque de confiance mutuelle, d'un manque d'intérêt dans les résultats.

De nos jours, une industrie dont les agents sont imbus de ces idées est mûre pour la déchéance.

Un chef d'industrie doit s'habituer lui-même, et habituer ses subordonnés, à ne s'arrêter que quand tout le nécessaire est fait, et quand le résultat cherché est obtenu.

Chaque fois qu'un subordonné affirme : « je n'ai pas pu », il faut lui demander : « qu'avez-vous donc fait pour arriver au but qui vous avait été assigné ? — N'auriez-vous pas pu aller plus loin ? — Que vous en aurait-il coûté ? — Pourquoi n'avez-vous pas fait telle démarche, employé tel moyen, exécuté tel outillage, fait tel déplacement, déployé tel effort, exigé de vos inférieurs tel rendement ? »

Quand le général en chef disait à ses hommes avant la Marne : « Il ne faut pas perdre un pouce de terrain, plutôt que de l'abandonner, faites-vous tuer sur place !» il indiquait d'une manière aussi nette qu'énergique jusqu'où allaient les limites de sa volonté. Jamais chef ne fut mieux compris, et c'est parce qu'il avait su vouloir et faire connaître sa volonté que ses soldats ont remporté la victoire qui a sauvé la France et la civilisation.

Beaucoup d'entre nous ont cru à l'inanité de la vieille maxime écrite sur les murs de nos écoles : « Velle, posse ! » Souvent ils avaient désiré ardemment une chose et ils n'avaient pu l'obtenir !

Mais, si on leur avait appris la maxime, on ne leur avait pas appris à vouloir, à connaître les limites jusqu'auxquelles ils devaient faire agir leur volonté. Ils avaient omis de se fixer ces limites, et ce qu'ils croyaient être de la volonté n'était que des velléités.

L'homme qui a une volonté et qui la manifeste conformément à ses principes est un *caractère*. Les plus grandes qualités d'un caractère sont la puissance et la souplesse.

Energie ne veut pas dire brutalité ; volonté n'est pas synonyme de dureté. On peut se faire craindre par la brutalité, la dureté, l'emportement, les paroles violentes, les injures, on peut également se faire détester, mais ce n'est jamais ainsi que l'on pourra acquérir de *l'autorité*.

L'autorité. La responsabilité

Il est difficile de séparer ces deux facteurs qui s'étayent l'un sur l'autre.

Les règlements militaires qui parlent de l'autorité en viennent immédiatement à parler de la responsabilité.

Il est curieux, à ce sujet, de comparer les règlements des différentes nations et, en particulier, ceux qui ont servi de modèle aux autres : le règlement français et le règlement allemand.

Le règlement français déclare tout de suite, en parlant de la manière dont doivent être exécutés les ordres, que « l'autorité qui les donne en est responsable ». Il paraît mettre le chef en garde contre l'abus de cette responsabilité.

Le règlement allemand déclare dès la première page que « la crainte de la responsabilité (1) » est incompatible avec l'autorité.

On peut en conclure que le Français accepte plus facilement la responsabilité que l'Allemand. C'est un des beaux traits de notre caractère et il convient de le faire ressortir. Néanmoins, il serait bon de répandre chez nous l'idée contenue dans le texte allemand, car il importe qu'un chef sache qu'il doit avant tout prendre la responsabilité des ordres qu'il donne à ses subordonnés.

Et pourtant, on semble avoir tout fait, dans notre pays, par nos lois et par notre organisation sociale pour écarter la responsabilité et pour arrêter dans son élan celui qui va résolument de l'avant. Nous voyons aujourd'hui les résultats funestes de ce procédé, et notre devoir est d'agir de tous nos efforts pour que les choses changent à l'avenir.

---

(1) « Scheu vor Verantwortung » (Felddienst-Ordnung).

Un chef qui a du caractère doit accepter, non seulement la responsabilité de tous les ordres qu'il a donnés, des méthodes qu'il a indiquées, des sanctions qu'il a appliquées, mais encore de tout ce qui a été ordonné et fait par ses inférieurs.

De deux choses l'une : ou bien il connaissait leur manière d'agir et il eût dû la modifier, ou bien il l'ignorait, et, s'il n'y a pas eu de tromperie de la part de ses sous-ordres, il doit s'avouer que son service de contrôle et de surveillance est mal fait, et là encore, sa responsabilité est engagée.

Un chef qui se retourne vers ses subordonnés quand il reçoit lui-même un reproche commet une mauvaise action ; il commet, en outre, une action maladroite, car il perd ainsi la confiance de son personnel. Il doit lui-même tout prévoir ou, s'il ne s'en sent pas capable, il doit organiser des services chargés de prévoir.

Il ne doit reprocher de n'avoir pas prévu ce qui devait arriver qu'à celui qui était chargé de le prévoir, et non à celui qui était seulement chargé de l'exécuter.

L'initiative.

Prendre une décision sans en avoir reçu l'ordre, ou bien même malgré cet ordre, mais conformément au bon sens, aux idées générales de son chef, et pour atteindre plus directement et plus rapidement le but qu'il a fixé, s'appelle avoir de l'initiative.

L'initiative d'un sous-ordre provient essentiellement de sa confiance en ceux qui le commandent, et de l'assurance qu'il a d'être couvert par eux. Elle manque à ceux qui ne savent pas vouloir, à ceux à qui les chefs n'ont pas nettement indiqué le but à atteindre, à ceux surtout qui n'ont pas confiance en leurs chefs.

L'idée d'initiative peut se définir par cette forte parole du général Galliéni : « Il faut agir au nom du bon sens, même contre le règlement, et ne jamais invoquer le règlement contre le bon sens. »

On se plaint beaucoup en France d'un manque général d'initiative ; on a remarqué que la guerre elle-même qui a réveillé chez nous tant de qualités endormies n'a pas réussi à faire sortir celle-là de sa torpeur ; on attribue ce défaut à notre caractère national.

C'est une grave erreur. Aucun caractère n'est plus capable d'initiative que le caractère français quand on le laisse agir librement.

Notre histoire est pleine d'actes d'initiative ; il faudrait citer les plus grands et les plus beaux du monde dans tous les domaines : sciences, arts, industries, découvertes, action sociale, guerre ! Peut-on dire qu'il manquait d'initiative ce chef de service donné en exemple dans toutes nos écoles qui pouvait répondre à son souverain : « Sire, si c'est possible, c'est fait ; si c'est impossible, ça se fera » ?

Notre manque actuel d'initiative est dû, comme l'atténuation de la responsabilité dont il découle, à notre organisation.

Tout, dans notre société, concourt à s'opposer à

l'initiative. Dans nos administrations, on est certain à l'avance que tout acte audacieux sera blâmé : on n'a aucune confiance dans les chefs que l'on sait bien plus préoccupés de leur avancement que du but à atteindre. Quand une décision s'impose, on l'esquive ! On met en pratique, hélas, ce principe que l'on énonce en plaisantant, mais qui a force de loi : « Rendre compte et s'en f... »

A défaut de l'initiative d'action et de création qui a été trop abandonnée de nos jours à des aventuriers étrangers, on a conservé chez nous une certaine initiative intellectuelle.

Notre Société s'occupe beaucoup de projets, pas assez de réalisation.

Tous les milieux instruits et cultivés déplorent ce qui se passe ; on se plaint de notre nonchalance ; on se moque de nos institutions, on gémit de constater l'ingérence des étrangers dans nos affaires, mais bien peu de gens ont le courage de prendre en mains une réforme sérieuse, et, s'ils le font, leur élan est bien vite arrêté.

Cet état de choses est des plus funestes à notre développement économique et industriel.

Il est nécessaire, dit M. Victor Cambon, qu'une industrie soit toujours en progression. Il fait une très juste comparaison entre l'industrie et un rapide en marche.

Les nombreux avions qui, en ce moment même, remplissent au-dessus de notre tête l'air de leur bruit, nous incitent à les comparer aussi à une usine ou marche : plus ils progressent rapidement, plus vite ils peuvent s'élever ; dès que le moteur s'arrête, l'appareil tombe et s'écrase.

Pour aussi utile que soit l'initiative chez un chef d'industrie, il ne peut lui-même tout embrasser. Il doit laisser une partie de cette initiative à son personnel et, en particulier, aux services chargés de le seconder dans la tâche de prévoir l'avenir, de chercher des perfectionnements, d'inventer des méthodes nouvelles.

Pour s'efforcer de développer cette qualité maîtresse chez ses subordonnés, il doit en première ligne gagner leur confiance.

Il faut ensuite que de chacun de ses actes journaliers dans ses relations avec ses inférieurs, de l'intérêt moral qu'il attache à la réussite, de la participation matérielle qu'il donne dans l'affaire à ses collaborateurs, il naisse chez ces derniers un besoin constant de donner libre cours à leur initiative.

Le chef doit savoir qu'il ne faut pas constamment être « sur le dos » de ses ingénieurs, de ses employés et de ses ouvriers ; qu'il faut leur laisser leur responsabilité et leur liberté entière d'agir dans les limites qu'il a dû leur tracer, ne pas critiquer chacun de leurs actes ni même leur en demander les motifs avant qu'ils aient pu porter leurs fruits.

Bien des hommes ont perdu toute initiative dès leur enfance ou dès le début de leur carrière, parce que la malchance les a placés sous les ordres de maîtres, d'instructeurs ou de chefs qui les ont mal pris, qui les ont rebutés à jamais et leur ont fait prendre en grippe, tout à la fois, ce qu'on leur enseignait, et ceux qui enseignaient.

Laisser leur liberté, leur responsabilité à ses subordonnés n'implique pas que l'on doive cesser toute surveillance. Il faut, au contraire, savoir toujours ce qui se passe, être tenu au courant par les intéressés eux-mêmes ou par un service d'inspection.

Il faut se tenir à la disposition de ceux qui demandent un conseil, donner soi-même une direction si le besoin s'en fait sentir ; mais, dans ces deux cas, il faut attendre les résultats pour critiquer les faits. Ceci est tout particulièrement nécessaire avec les hommes peu cultivés. Pour eux la discussion ne peut pas s'élever à la hauteur d'un art ; si leur chef n'est pas de leur avis, ils prennent ses paroles pour une critique et, s'il n'y prend pas garde, il sera très surpris de s'apercevoir qu'une boutade a été considérée comme un reproche.

Une tendance générale des gens âgés et expérimentés est de croire que seule la route qu'ils ont parcourue est celle qui mène au but et que leurs vieilles chères méthodes sont les seules bonnes. Les hommes qui ont eu beaucoup à lutter et qui ont été victorieux ne retiennent que les impressions acquises durant cette lutte et ne veulent pas en voir d'autres. Ils voient partout ailleurs des embûches que le débutant, se disent-ils, ne saura pas éviter. Ils croient volontiers que les idées nouvelles vont mettre en révolution le monde et les choses.

Que l'on attende avant de juger ! C'est en se prenant aux embûches que le débutant acquerra de l'expérience.

Que l'on raisonne un peu, que l'on se dise que si ce nouvel agent a été engagé, si l'on a fait un contrat avec un jeune associé, si l'on a mis tel homme à la place que l'on croyait lui convenir, on devait avoir quelque confiance en lui et lui faire quelque crédit. Pourquoi, parce qu'il s'est mis au travail suivant des méthodes qui ne sont pas les vôtres, le croirait-on subitement dénué de bon sens ?

Ce qu'il faut, c'est indiquer bien nettement à ses hommes le but à atteindre, s'assurer qu'ils ont toutes les capacités nécessaires et qu'ils ont bien compris ce qu'on leur demandait, et ensuite leur laisser toute initiative. C'est en donnant le but à atteindre que les limites de cette initiative doivent être fixées, et non pas une fois que le travail est commencé. Le premier résultat de cette manière d'agir sera de leur donner l'amour de leur métier, de l'intérêt pour leur occupation.

L'homme aime se sentir un peu maître chez lui, pour aussi réduit que soit ce chez lui. Quand on le laisse agir à sa guise dans son secteur, ce secteur devient un peu à lui. Il s'y intéresse, il s'y dévoue, il s'y dépense, il en fait sa chose.

Dans de telles conditions son travail lui procure des

satisfactions morales et il en obtient un rendement élevé.

Si l'initiative est une grande qualité, il ne faut pas en conclure que ceux qui en sont dépourvus ne puissent être très utilement employés.

Il y a des postes dans lesquels il faut simplement compter sur la ponctualité de l'agent, sur son automatisme. Ces postes-là leur conviennent.

On entend des chefs exprimer à un manœuvre, à un homme d'équipe, leur mécontentement de ce qu'ils aient manqué d'initiative. Ils devraient pourtant se rendre compte que, si ces manœuvres possédaient cette qualité, ils auraient dû depuis longtemps être placés à des postes supérieurs et que, dans la plupart des cas, il est préférable qu'ils exécutent leur consigne à la lettre, sans la discuter. Il faut connaître les hommes, et ils sont nombreux, à qui l'on doit dire « agissez ainsi parce que cela *doit* se faire ainsi ». Ils n'en demanderont pas davantage, et, tels qu'ils sont, ils rendront à ceux qui sauront les utiliser d'immenses services.

Il est aussi du devoir d'un chef de connaître individuellement chacun des hommes placés sous ses ordres à qui il sait qu'on peut demander un acte d'initiative. Ils sont trop rares pour qu'on les gaspille.

L'activité. — L'inertie. La paresse. La fatigue.

Nous avons dit que, dans l'industrie, une des premières manifestations de l'énergie était l'activité. Etre actif, c'est à la fois agir sans cesse, ne pas perdre son temps, c'est aussi travailler vite, et enfin inciter, par son exemple, les autres à travailler beaucoup et vite.

L'activité ne doit pas être de l'agitation. Des gens calmes peuvent être très actifs. L'activité se mesure non au bruit et au nombre de mouvements, mais aux résultats.

On rencontre partout l'homme agité, surtout dans les endroits où l'on parle ; il parle beaucoup lui-même en général ; il connaît beaucoup de monde ; il donne des conseils à chacun ; il entreprend même beaucoup d'affaires et il se lance dans des entreprises mal étudiées où il échoue immanquablement !

Souvent cette agitation masque un manque réel d'énergie ; elle indique toujours un manque absolu d'éducation de la volonté.

L'homme actif sait tendre sa volonté vers le but qu'il s'est assigné. Il sait agir vite, mais il agit après réflexion et d'après une ligne de conduite déterminée. Il ne se lance dans une affaire que quand il la connaît bien et, une fois qu'il s'y est engagé, il la pousse à fond.

Bien souvent, son activité ne se manifeste pas extérieurement ; mais ceux qui le fréquentent le connaissent et l'apprécient ; ses subordonnés l'admirent et cherchent à l'imiter. Il sait que le temps est de l'argent, que chacune de ses minutes et chacune des minutes de ses hommes a sa valeur ; il tâche d'employer de son mieux chacune d'elles et de n'en perdre aucune.

Il en est des affaires, des industries et des usines comme des hommes.

Certains vieux ateliers donnent au profane l'impression de la plus grande activité ; il voit d'abord un grand encombrement, des courroies qui, de tous côtés tournent sans arrêt, des pièces traînées à bras d'homme d'une extrémité à une autre ; partout des employés s'agitent, des gens entrent et sortent, discutent dans le vacarme assourdissant.

L'impression n'est plus du tout la même pour un homme compétent ; il sait que la plupart de ces courroies tournent inutilement, que cette pièce, portée au fond de l'atelier, devra en revenir demain, que ces employés discutent parce que leur besogne est mal définie, que ces gens qui entrent et qui sortent ne sont pas à leur place, qu'ils discutent de choses étrangères au service, que ce vacarme général provient de vieilles machines mal réglées qui absorbent en pure perte de la force motrice..... Cet homme compétent attendra un bien meilleur rendement de cet autre atelier où l'on n'entend pas de bruit, où les pièces ne font que de petits trajets, progressant sans arrêt vers leur achèvement, où chaque ouvrier est à sa machine, où il n'a à s'occuper que de la pièce à usiner, du plan qui lui indique le travail à exécuter et du bon de main-d'œuvre qui lui fait connaître les conditions dans lesquelles il devra être exécuté

Il y a des quantités d'affaires qui ont tout pour elles,

mais qui ne se développent pas parce qu'il leur manque le souffle de la vie.

C'est une belle chose pour un chef d'industrie que savoir donner ce souffle. Celui qui y consacre ses efforts est surpris de voir combien son personnel répond vite à son appel. La vie appelle la vie ; l'activité appelle l'activité ; ainsi qu'un être vivant, une affaire qui a de l'activité se développe tout naturellement !

Les deux grands ennemis de l'activité sont l'inertie et le désordre.

Le chef doit lutter contre l'inertie surtout par son exemple personnel. C'est tout particulièrement dans les bureaux qu'il aura des efforts à faire !

Combien en avons-nous vu de ces bureaux, où les papiers, allant de corbeille en corbeille, finissaient par un saut final dans la corbeille à papier sans avoir jamais reçu de solution !

« Ne remets pas à demain ce que tu dois faire aujourd'hui » dit le vulgaire.

« Fais aujourd'hui ce que tu pourrais remettre à demain », doit affirmer l'industriel.

« Ne fais pas aujourd'hui ce *qu'un autre* pourra faire demain » s'écrie l'employé de nos administrations.

C'est avec de telles méthodes que le pays a été amené au point où il se trouvait lors de la grande secousse de 1914.

En vain les études économiques, la presse, le théâtre, avaient signalé ces défauts ou les avaient tournés en dérision !

Et depùis, a-t-on réellement réagi ?

Notre administration a-t-elle senti le besoin d'une activité sans bornes ?

Et si elle l'a senti, par quels efforts s'est traduit ce besoin ?

Quand arrivera-t-on, chez nous, à organiser les services de telle sorte que les décisions puissent être prises dans chacun d'eux ?

Il faut, pour obtenir de l'activité des employés des bureaux, une action constante de leurs chefs. Ils doivent exiger qu'aucune affaire ne reste en souffrance, ne fût-ce que quelques heures, que les corbeilles et les classeurs soient complètement vides après chaque courrier, que toute affaire nouvelle soit mise séance tenante à l'étude et réglée dans le plus bref délai. Chaque fois qu'une pièce leur arrive datée de la veille, ils doivent avoir l'explication de ce retard ; cette explication devrait même leur être donnée par l'employé intéressé dès qu'il a pu déterminer la cause du retard !

A l'atelier, le chef devra également faire sentir constamment son impulsion. Il y sera aidé par un système rationnel de rémunération du travail, ainsi que nous l'étudierons prochainement. Il devra aussi avoir recours à l'action de ses contremaîtres et de ses chefs d'équipe, qui devront toujours posséder les qualités nécessaires pour donner de l'activité autour d'eux. Il ne devra pas oublier que les plus puissants leviers de l'activité sont l'idéal, la conviction, l'attente du succès.

C'est au chef qu'il appartient de développer ces sentiments dans l'âme de ses hommes. Il est de nombreuses circonstances, les circonstances graves, en particulier, où il ne sera pas en droit de compter sur un autre levier que le levier moral.

Enfin, à l'atelier comme dans les bureaux, l'activité proviendra en grande partie de la méthode d'organisation. Les mouvements doivent être coordonnés en vue du but à atteindre ; l'agitation doit être transformée en un mouvement régulier et utile.

M. Ford, dans l'école adjointe à ses usines d'Highland-Park, a fort bien mis en lumière toute la distance qui sépare le résultat que l'on peut attendre d'actions désordonnées, du résultat que doivent donner des actions exécutées conformément à des principes généraux et avec de l'esprit de suite.

Il apprend à ses hommes et leur prescrit de se demander chaque jour si tous leurs actes ont été exécutés *in a constructive way, not in a destructive one.*

L'exécution de cette prescription rendrait chez nous d'immenses services !

Combien d'entre nous semblent consacrer toutes leurs actions, tous leurs efforts même, à une œuvre de destruction !

Et pourtant nous aurions bien plutôt besoin de bâtisseurs que de démolisseurs !

L'inertie, la paresse dont nous avons montré le conflit constant avec l'activité, peuvent, dans certains cas devenir de vraies forces que l'on peut utiliser.

Nous étudierons plus loin leur effet sur les groupements humains.

Sur l'individu, l'inertie peut créer des réflexes qui l'amènent, en toutes circonstances, à agir automatiquement. Les hommes qui sont plus particulièrement dotés d'un esprit vagabond, bohême, désordonné, trouveront une réelle utilité à se donner ainsi des habitudes régulières, des manies, sans aller toutefois jusqu'à devenir incapables de les contrôler et d'en devenir le maître.

L'habitude peut être employée, de concert avec la volonté, à vaincre la paresse.

On a prétendu qu'il n'y a pas à proprement parler d'hommes paresseux. Il n'y a que des gens qui trouvent un attrait à ne rien faire, alors que d'autres trouvent un attrait au travail. On trouvera ce raisonnement un peu spécieux; néanmoins, on voit quelquefois, quand les conditions de la vie matérielle ou intellectuelle d'hommes de chacune de ces catégories viennent à changer, des paresseux devenir très laborieux et, inversement, des hommes très travailleurs devenir incapables d'un effort.

Nous avons tous connu des cancres de collège qui, lancés dans la vie, ont fait preuve d'une grande activité et ont très bien réussi, alors que ceux de leurs condisciples qui remportaient les prix d'excellence végètent dans de petites situations dont ils n'ont pas l'énergie de se tirer.

Celui qui veut lutter contre la paresse doit choisir un travail qui présente un attrait : — désir du gain, amour de l'art, amour de l'action, idée généreuse — et cet attrait doit être supérieur au plaisir de ne rien faire.

Un homme intelligent qui a de la volonté, qui désire ne pas gâcher sa vie, qui veut garder à ses enfants leur place dans la société peut toujours trouver un travail qui ait un attrait suffisant pour vaincre sa paresse et lui donner l'amour de l'action.

Il arrive souvent que la paresse d'un homme n'est que le résultat d'une mauvaise disposition physique. Il faut savoir faire la différence entre le paresseux et celui qui est simplement fatigué. Comme le paresseux, l'homme fatigué constate une diminution de son énergie et de sa volonté, une grande difficulté à entreprendre un travail nouveau, à prendre une décision, à pousser les choses à fond.

La fatigue suit les grands efforts ou les grandes difficultés morales ; chacun sait qu'on y remédie facilement par le repos. Le remède est simple quand on a pu déterminer le mal, mais il est bien difficile à un homme habitué à l'activité de se rendre compte du moment où le repos lui est devenu nécessaire.

Il faut pourtant savoir que le surmenage est aussi mauvais pour l'esprit que pour le corps ; s'il faut savoir travailler, il faut aussi savoir se distraire, se reposer.

Il arrive souvent qu'un chef d'industrie, après une lutte contre des difficultés difficiles à surmonter, se sent accablé, submergé par son travail. Il ne trouve de solution satisfaisante à rien de ce qu'il étudie ; les ennuis, les contrariétés pleuvent sur lui ; il a l'impression d'être isolé, abandonné de tous ; il se voit inférieur à sa tâche. Au lieu de la netteté et de la précision qu'il avait l'habitude de trouver dans son esprit, tout lui paraît désordre et obscurité.

Il ne doit pas se laisser abattre ! Il doit se dire simplement qu'il a besoin de repos ; il lui suffira de quitter son milieu pour une longue promenade à pied dans la campagne, ou, s'il se sent plus atteint, de s'éloigner de ses affaires pendant plusieurs jours, de se distraire par un voyage, une excursion, des sports.

Avec l'éloignement, tout autour de lui s'éclaircira ; les plans se détacheront ; les affaires se présenteront avec leur importance réelle ; les impressions secondaires s'effaceront et les idées générales reprendront le dessus.

Il sera surpris, à son retour, de voir que la lumière s'est faite sur ce qui lui paraissait obscur ; que les affaires qu'il ne pouvait débrouiller ne lui opposent plus aucune difficulté. Il aura retrouvé toute sa volonté et toute son énergie pour discerner et pour imposer la solution utile.

On doit ériger en principe la pratique suivante : ne jamais entreprendre un nouveau travail que l'on sait devoir demander de l'énergie sans en faire pro-vision à l'avance.

Il serait téméraire, par exemple, d'entreprendre, sans se sentir en possession de tous ses moyens, une réforme à laquelle on s'attend à trouver beaucoup d'opposition. On serait trop vite vaincu.

Un coureur ne se lance pas sur la piste sans s'être reposé et sans s'être fait donner les soins nécessaires ; il doit en être de même d'un homme qui a à livrer une bataille dans laquelle il devra mettre en œuvre toute son énergie morale et l'intégralité de son activité intel-lectuelle.

Un homme reposé en impose facilement à des hom-mes fatigués !

L'intelligence : l'attention, la comparai-son, la mémoire, le jugement, l'esprit d'assimilation.

L'intelligence est la plus brillante des facultés. C'est un don de la nature, et c'est pourtant la faculté que l'on est le plus fier de posséder.

On attache une grande importance à l'intelligence. Mais, à part un petit nombre d'hommes chez lesquels elle est très développée, et un certain nombre d'autres à qui elle a été impartie d'une manière trop parci-monieuse, il y a une foule de gens qui en ont une dose très suffisante pour faire leur chemin dans la vie.

On ne peut affirmer que l'intelligence soit aussi

indispensable qu'elle est agréable, car on voit des hommes remarquablement intelligents qui sont incapables d'exercer le moindre commandement et de réussir en quoi que ce soit, alors que beaucoup d'esprits très ordinaires font d'excellents chefs et de remarquables hommes d'affaire.

L'appréciation du degré d'intelligence d'un homme est d'ailleurs sujette à beaucoup d'imprécision, et elle résulte surtout d'impressions générales.

On se laisse souvent tromper par les apparences et on qualifie très souvent d'intelligence ce qui n'est que de la vivacité de l'esprit.

On peut définir l'intelligence comme constituée dans l'homme par l'exercice des quatre facultés suivantes :

> Attention ;
> Comparaison ;
> Mémoire ;
> Jugement.

L'attention et la mémoire peuvent être développées par l'instruction ; la comparaison et le jugement peuvent l'être par l'éducation, la culture générale et l'expérience.

On a pu dire ainsi que l'intelligence était développée par l'instruction et par l'éducation parce que ses manifestations sont ainsi rendues plus brillantes, plus évidentes.

Dans le commandement, dans la direction d'une industrie, d'un bureau ou d'un atelier, les quatre facultés qui constituent l'intelligence devront constamment être mises en œuvre : elles se manifesteront surtout par la facilité d'assimilation qui permet à un chef de saisir rapidement l'ensemble d'une question, alors même qu'elle lui soit étrangère, et de trouver les combinaisons qui pourront amener une solution juste et rapide.

L'attention nous permet d'examiner une chose, de l'étudier, d'en deviner le mécanisme, de voir le parti que l'on peut en tirer.

Il faut, dans les ..., beaucoup d'attention afin de trouver le point ...ble de chaque question. On doit s'habituer à étudier chaque détail complètement et sur toutes ses faces.

Il est rare que les débutants sachent le faire ; et bien des anciens sont débutants sur ce point. Ils voient la question sous un certain angle et oublient le facteur dont peut dépendre complètement leur avis et leur décision. Dans une phrase, dans une lettre, ils ne savent pas voir le mot qui en fixe le sens.

On exerce les élèves officiers des écoles militaires à ne donner un ordre qu'après avoir répondu mentalement à chacune des questions de personne, de mode, de temps et de lieu : « *quis, quid, ubi, quo, quomodo, quando* ».

Cette méthode peut être utilisée avec profit dans l'industrie ; en examinant successivement chacun de ces facteurs, on est à peu près certain de ne rien laisser de côté.

Il faut chercher en outre quels sont les points qui, étant données les circonstances, doivent être modifiés ; c'est une gymnastique à laquelle l'esprit se fait très facilement. Il est nécessaire d'y plier les jeunes gens dans les écoles et dans les bureaux d'études.

C'est par défaut d'attention que se commettent la plupart des erreurs, des « loups » : qui font perdre du temps à l'atelier, amènent des difficultés chez les fournisseurs, retardent le travail, obligent à des modifications faites à la hâte qui peuvent souvent coûter très cher.

La comparaison est une faculté qui permet de juger une chose en la rapprochant mentalement d'une autre chose que l'on connaît bien.

Cette faculté arrive à se développer étrangement par l'exercice. A force de voir passer un grand nombre de faits qui souvent ne se différencient que par très peu de chose, on arrive à saisir des nuances qui ne frappent pas au premier abord.

On sait que les bergers qui conduisent plusieurs centaines de moutons qui nous paraissent identiques connaissent chacun d'eux et le distinguent parfaitement des autres.

Un chef de garage d'une entreprise de transports automobiles reconnaît, au bruit du moteur, chacune de ses voitures, pourtant identiques, exactement comme nous reconnaissons à leur voix des personnes de notre connaissance qui causent dans une pièce voisine.

La spécialisation fait prendre une importance considérable à chacun de ces détails. Il conviendra au chef d'utiliser cette particularité comme aussi, en de nombreuses circonstances, il devra ramener à leur importance réelle les détails auxquels ses subordonnés auront donné une ampleur démesurée.

Le jugement est un don naturel que possèdent au plus haut degré un grand nombre d'esprits très simples. Néanmoins, ce don peut être développé par la volonté et par l'expérience.

Par contre, l'influence d'un milieu vicié, ou de mauvaises habitudes, peuvent très rapidement le fausser. Une demi-éducation ou une instruction tronquée provoquent fréquemment le même résultat.

Il est très nécessaire au chef d'avoir du jugement : c'est grâce à lui qu'il saura apprécier la place que chaque homme devra occuper, les services que chacun pourra rendre, les défauts auxquels il y a lieu de remédier.

Le jugement intervient sous la forme du « tact » pour indiquer la manière dont on doit agir avec son personnel, suivant les circonstances.

Chaque homme et chaque groupement d'hommes demande à être manié d'une manière particulière, suivant son état physique et moral, ses idées, ses tendances, sa situation de fortune, son éducation, son instruction, ses antécédents, etc.

La volonté, avons-nous dit, doit être souple ; c'est le tact qui règle cette souplesse.

Le tact se sent plutôt qu'il ne se définit et il est difficile de le soumettre à des règles précises. C'est lui qui est la base essentielle de la justice, sans laquelle un chef ne peut être estimé et aimé des hommes qu'il conduit.

Un chef peut être sévère ; s'il est juste, il continuera à être aimé de ses hommes et avoir leur confiance ; s'il est injuste, il sera haï, quels que soient son dévouement pour eux et les satisfactions qu'il leur accorde.

La mémoire permet la comparaison de faits déjà anciens avec ceux qui tombent sous nos sens.

Elle peut se spécialiser : on peut avoir la mémoire des noms, la mémoire des physionomies, la mémoire des chiffres, etc. Il est curieux de constater avec quelle rapidité chacun de ces compartiments de la mémoire arrive à se développer par l'exercice, et se laisse émousser quand cette faculté cesse d'être utilisée.

Un homme habitué à commander un nombreux personnel parvient vite à connaître tous ses hommes, leurs tenants et aboutissants, leur caractère, leurs particularités. Un chef d'ateliers sait avec précision dans quelle partie de son atelier se trouvent les pièces les plus infimes de chacune de ses machines en construction.

La mémoire de certains garçons de salle des grandes écoles est légendaire ; ils se rappellent les listes des noms de promotions déjà anciennes et sont capables de reconnaître tous ceux qui en faisaient partie. Or, ces mêmes garçons de salle seraient bien incapables de retenir la démonstration d'un théorème.

La mémoire des noms et des physionomies est une grande force pour un chef. Elle est indispensable au chef de quelque importance et très utile au grand chef. Qu'il désigne par son nom un de ses sous-ordres qui l'approche rarement, et aussitôt ce dernier croira avoir été distingué puisqu'il a été si bien reconnu.

Beaucoup de chefs ont joué de cette corde sensible ; il est bon de ne pas la négliger.

Si, malgré ses efforts, on ne parvient pas à développer sa mémoire, il reste une grande ressource : le bloc-notes. L'usage en est d'ailleurs toujours utile.

Quelle que soit la mémoire d'un homme, il est rare qu'elle lui soit absolument fidèle et, s'il est de bonne guerre de laisser entendre qu'on ne se trompe jamais, il faut bien se dire que l'on n'est pas infaillible et se mettre en garde contre les erreurs qui proviennent, en général, d'un manque de mémoire, d'un manque de précision.

Si, d'ailleurs, un industriel doit savoir tout ce qui se passe chez lui, si tous les faits saillants doivent être portés à sa connaissance, il ne peut se les rappeler tous. Ce serait un exercice fatigant et inutile. Dès lors, il lui est nécessaire d'organiser ses services de telle manière qu'à chaque instant il puisse obtenir le renseignement qui fait défaut à sa mémoire.

Certains chefs ont l'habitude d'intimider leurs inférieurs en leur demandant à brûle-pourpoint : Combien avez-vous d'hommes ? Combien avez-vous en caisse ? Quelle quantité de telle marchandise avez-vous en magasin ?

Cette méthode est mauvaise. On doit se défier de celui qui a la réponse toute prête. C'est un homme adroit, à coup sûr, mais il est moins que certain que les indications qu'il donne soient l'expression de la vérité. Il faut laisser à celui que l'on interroge le temps de la réflexion, ou même d'une recherche.

Ce qu'il faut exiger, c'est que cette recherche soit rapide et courte. Elle ne doit demander qu'un petit nombre d'opérations : lecture d'un contrôle, d'un état, d'un livre de caisse, d'un registre d'entrées et de sorties.

CHAPITRE II

QUALITÉS QUE LE CHEF DOIT DÉVELOPPER EN LUI

La logique.

Beaucoup d'hommes d'une intelligence très ordinaire réussissent fort bien, avons-nous dit, là où de plus intelligents échouent lamentablement.

Il manque aux derniers ce qui fait la force des premiers : le sens pratique, la logique. Ils n'appliquent pas les théories de ce que l'on appelle en philosophie « le déterminisme ». Chaque effet a des causes que l'on doit pouvoir retrouver, et l'on ne doit chercher à modifier l'effet qu'en apportant une modification aux causes.

L'esprit latin, pourtant si logique dans ses raisonnements et ses démonstrations, répugne à la logique dans les actes. Il veut la fin sans vouloir les moyens. Les méthodes trop simples lui paraissent enfantines et il les dédaigne ; ou, s'il les admet, il ne conçoit pas qu'il puisse les pousser jusqu'à leurs plus extrêmes limites.

Il lui semble que des méthodes plus machiavéliques l'amèneront plus vite à la réussite ; il compte toujours sur la bonne affaire, l'opération heureuse, le coup de bourse, la fortune qui vient en dormant. Il quitte la grande route qu'il trouve fastidieuse pour les chemins tortueux qui ne mènent nulle part.

Par contre, il n'ose se lancer, il n'entreprend rien parce qu'il n'en a pas l'énergie d'abord, et ensuite parce qu'il craint un accident qu'il ne peut prévoir, mais qu'il sait toujours suspendu sur sa tête, comme une épée de Damoclès. Cet accident immanquable proviendra d'un manque de précision, d'un manque d'attention dans la recherche des difficultés à surmonter.

Quand on étudie la vie des grands hommes d'affaires américains, quand on recherche les facteurs de l'immense développement de leur puissance, on est frappé de la place qu'y tient la logique.

Cette logique, cette application constante du déterminisme dans les moindres décisions, dans les moindres actions, a été mise en lumière par les écrits de Taylor.

Dans son « système », rien n'est compliqué ; tout est très simple, presque enfantin ; c'est l'œuf de Christophe Colomb. Toutes les grandes choses sont simples, mais les esprits ordinaires ne savent pas en faire leur profit. Il a fallu un cerveau comme celui de Taylor pour sentir la valeur des méthodes qu'il a répandues, et une énergie comme la sienne pour en faire l'application et pour nous en faire connaître les résultats.

Arrivons donc à adopter, pour nos études, un système scientifique ; persuadons-nous que tous les faits ont une cause à laquelle un peu d'étude et d'attention nous permettent de remonter.

Une fois cette cause bien connue, il nous sera facile de la modifier conformément aux résultats que nous en attendons.

En cela, il faut ne pas agir à l'aveuglette, et n'apporter de modifications qu'après en avoir bien prévu toutes les conséquences. Il ne faut pas oublier que « le mieux est quelquefois l'ennemi du bien ». Il ne faut pas rejeter *a priori* les méthodes en cours ; il y avait parmi nos prédécesseurs des gens intelligents, des organisateurs remarquables : leurs méthodes sont peut-être désuètes, mais il ne faut les condamner qu'après avoir acquis la certitude absolue que les nouvelles méthodes donneront de meilleurs résultats.

On raisonne souvent d'une manière beaucoup plus logique sur des faits qui ne nous sont pas entièrement familiers que sur ceux que nous sommes habitués à voir chaque jour.

Dans une profession, dans une industrie que l'on pratique depuis longtemps on s'accoutume aux méthodes employées ; certaines opérations paraissent nécessairement liées les unes aux autres.

Il en est de cela comme de nos habitudes sociales et il ne vient pas plus à un ingénieur l'idée de modifier certaines méthodes de fabrication qu'il a toujours connues, que de sortir sans son veston ou son chapeau. Pourquoi ? Parce que cela « se fait ainsi ».

Un nouveau procédé, qui paraissait trop simple, ayant été proposé par un homme instruit, mais non spécialisé, au chef du service technique d'une Société de constructions mécaniques, lui attira cette réponse : « Vous pensez bien que cela a dû être essayé depuis longtemps ; si on ne le fait pas, c'est que ce n'est pas possible ». Ce l'était en effet si peu que, quelques semaines plus tard, des revues techniques étrangères rendaient compte de l'emploi de ce procédé qui s'est rapidement généralisé depuis.

Dans tous les domaines, on trouve ainsi des idées admises qui ont souvent été justifiées à une époque lointaine, mais qui, peu à peu, sont devenues fausses ou archaïques, au fur et à mesure que les conditions environnantes se modifiaient.

« Il est excellent, disait le Dr Samuel S. Marquis dans une conférence sur les Idées de Ford en éducation (1), que, parfois, un homme doué d'originalité, de courage, et débarrassé de tout parti-pris d'école, sache mettre en présence les grands problèmes sociaux, économiques et « mécaniques ». C'est parce qu'il s'est trouvé, à la tête de la maison Ford, un homme qui a su réaliser ce dessein, que l'on y rencontre à chaque pas l'inattendu et la réalisation de ce qui paraissait impossible. »

Un chef d'industrie ne doit pas marcher comme un cheval qui porte des œillères. Il doit chercher constamment ce qui se passe chez ses concurrents, et surtout chercher à s'assimiler ce qui se fait à l'étranger. Il doit suivre attentivement les découvertes qui peuvent de près ou de loin intéresser son industrie ; il doit se tenir au courant du mouvement économique.

Il parviendra à réaliser de sérieuses améliorations

____

(1) Dr Samuel S. Marquis. « The Ford Idea in Education ». Conférence à l'Assemblée Nationale d'Education à Detroit (U. S. A.)

s'il sait se poser la question suivante : «si cela changeait, qu'adviendrait-il ? » C'est la logique qui le décidera à modifier ses méthodes de fabrication, de production ou de vente, sans se départir de la prudence et sans rien entreprendre avant que la nécessité lui en ait été bien démontrée.

Savoir ce qu'il faut, et faire le nécessaire.

Savoir ce qu'il faut, et le faire, est le propre du chef, du directeur.

Xénophon note dans son traité « de l'Economie » ces paroles de Socrate : « Je dis qu'un homme qui, placé à la tête de quoi que ce soit, sait ce qu'il faut et se le procure, sera un excellent directeur, qu'on le place à la tête d'un chœur, d'une maison, d'une ville, d'une armée. »

Certainement, de nos jours, la direction des chœurs doit avoir moins d'importance qu'au temps de Socrate, encore que les qualités de commandement ne soient pas moins utiles au directeur de l'Opéra qu'à beaucoup de chefs d'industrie.

Mais il ressort de cette affirmation la nécessité, pour un directeur, de savoir ce qu'il faut et de se le procurer. C'est ce que nous exprimons en disant que « *prévoir* et *pourvoir* » constituent les deux actes fondamentaux de l'Administration.

Il en ressort aussi, ce que l'on n'a pas voulu assez comprendre, que les qualités d'un chef doivent être les mêmes, quelle que soit la branche dans laquelle il peut être appelé à les exercer.

Le commandement se réduit toujours aux mêmes actes fondamentaux : savoir ce que l'on veut et le faire exécuter par son personnel.

Pour savoir ce qu'il faut, pour régler une question, il est nécessaire de s'y atteler jusqu'à ce qu'elle soit résolue.

On a une tendance, quand on se trouve en présence d'une crise, à croire que c'est par hasard que le mal s'est porté ainsi sur un seul point.

Cette idée, très répandue, n'est qu'un effet de la paresse de l'esprit qui évite ainsi la peine de remonter à l'origine du mal. On préfère admettre que, de même qu'au temps des cerises, il y a des cerises ; de même il y a des moments de la vie où toute une série d'accidents identiques surviennent à la fois soit au matériel soit au personnel.

Chaque fois qu'il se produit une crise, il faut en rechercher l'origine dans un défaut systématique ; il est bien rare que, par une étude minutieuse, on n'arrive pas à trouver quelque jour l'origine du mal. Il est alors bien facile d'y remédier.

Il ne suffit pas de savoir ce qu'il faut, il faut encore faire ce qu'il faut, c'est-à-dire agir avec la dernière énergie et agir jusqu'au bout.

Il ne faut surtout pas se laisser déborder ni se laisser décourager.

C'est au moment même où un chef d'atelier est le

plus surmené qu'il doit prévoir le jour où il n'aura plus assez de travail pour alimenter ses machines et pour occuper son personnel.

C'est quand la main-d'œuvre est abondante qu'il faut penser aux périodes de pénurie, quand les marchandises sont à bon marché qu'il faut penser au temps où elles seront chères.

Il faut continuer à prévoir même pendant la lutte. Suivons l'exemple du général Lyautey qui, en pleine guerre, alors même qu'il avait à lutter contre des tribus révoltées, a su installer l'exposition de Casablanca et la foire de Rabat. Voilà un chef qui a donné un bel exemple de prévision et de préparation de l'avenir.

Les industries modernes ont installé dans leurs ateliers et dans leurs bureaux des services de prévision : prévision de fournitures, prévision d'usinage, prévision d'outillage, prévision de main-d'œuvre qui, dès l'arrivée ou même dès l'annonce d'une commande, étudient ce qui sera nécessaire comme matières premières, comme machines-outils, établissent des diagrammes indiquant le cycle que devra suivre chaque pièce pour l'usinage et le montage, renseignent les services commerciaux sur les prix de revient probables, etc.

C'est un grand progrès, qui se développe chaque jour : mais il convient encore d'avoir des services généraux chargés d'étudier l'avenir des affaires.

« Nos industries, affirme M. Victor Cambon (1),

(1) V. Cambon : *Bulletin de la Société des Ingénieurs civils* (Séance du 25 juin 1915).

auront, à côté des hommes qui exécutent le travail du jour, d'autres hommes qui prépareront le progrès du lendemain ». Elles doivent avoir à leur disposition « des bibliothèques où sont reçus les ouvrages et périodiques de tout pays relatifs aux travaux qu'elles poursuivent. Le ou les bibliothécaires sont tenus de dépouiller toute cette littérature et d'aviser par écrit chaque service des livres ou articles susceptibles de l'intéresser. »

Nous aurons recours, au besoin, à des professeurs, à des savants, à des ingénieurs-conseils qui n'auront aucune préoccupation d'action immédiate, de rendement industriel, et dont le rôle sera de chercher dans des laboratoires ou dans l'étude des ouvrages nouveaux, ce qui peut être utile à notre industrie.

S'il n'est pas possible à chacun de nous de faire des essais personnels qui dépassent les ressources d'une manufacture de moyenne importance, il faudra s'unir pour les faire exécuter par un groupement d'industries du même genre.

Nous devrons, pour cela, abandonner complètement « l'esprit de boutique » (1) et travailler non pas seulement dans notre intérêt individuel, mais dans l'intérêt de la communauté.

Nous avons un excellent exemple à suivre dans l'Association des Propriétaires d'appareils à vapeur.

Ce qui a été fait pour la technique des appareils à

____

(1) Voir Victor Cambon : *Notre Avenir*, 1 vol. in-16 de la BIBLIOTHÈQUE POLITIQUE ET ÉCONOMIQUE, Payot-Paris.

vapeur peut être fait pour la technique de tous les genres d'industrie.

L'esprit d'entreprise.

L'esprit d'entreprise est une qualité qui a caractérisé les grandes nations de tous les temps et qui a disparu quand elles ont périclité, ce qui permet de conclure que c'est cette qualité qui fait la grandeur des peuples.

Cet esprit consiste à réaliser immédiatement toute affaire quand une étude approfondie a donné la certitude que sa réalisation sera suivie d'un heureux résultat au point de vue moral, social ou matériel.

Bien des hommes se sentent très capables de mener à bien une affaire existante, mais ne sont pas en état de jeter les bases d'une entreprise.

On trouve facilement des faiseurs de projets ; chacun répète : « il faudrait, on devrait » mais personne ne veut attacher le grelot.

L'esprit d'entreprise procède naturellement de l'esprit de décision et de la logique. Il faut savoir se décider à entreprendre ce qui paraît avantageux, mais il ne faut le faire que lorsqu'on est certain du résultat.

Ce n'est pas ce qui se produit le plus souvent !

Beaucoup de gens lancent des affaires ; ce sont malheureusement ceux à qui manquent les qualités qui assurent la réussite. Est-ce pour cela que nos compatriotes ont une telle défiance des affaires ? Est-ce parce qu'ils ont été échaudés par les démarcheurs de banques peu sérieuses ou même de grandes maisons de crédit qui leur avaient vanté des placements sans valeur, qu'ils conservent leur argent pour des mines qui n'ont jamais rien produit, pour des emprunts de pays qui n'existent pas ?

Il faudrait que les gens hésitants, timorés, qui n'osent pas se lancer, s'associent, comme l'aveugle et le paralytique, avec ceux qui sont plus aventureux ; que celui qui est certain de son jugement, mais qui ne se sent pas capable de réaliser ses déterminations, prenne avec lui un agent d'entreprises, un ingénieur qui saura marcher hardiment dans la voie qui aura été tracée. Il pourra aller trop vite ; qu'importe ? son chef ou son associé sera toujours là pour régler son allure !

Nous avons vu, en plusieurs circonstances, cette association de caractères opposés et d'aptitudes diverses donner les meilleurs résultats. Deux associés de nos amis, qui ont merveilleusement développé leur affaire, racontent volontiers que l'un d'eux a passé sa vie accroché aux pans de l'habit de l'autre pour l'empêcher d'aller trop vite.

Si chacun d'eux eût été seul, le premier n'aurait jamais avancé, le second se serait cassé la tête au premier tournant.

Le sens pratique.

Ce qui distingue l'homme entreprenant de l'homme

aventureux, c'est que le premier possède une qualité qui manque au second : le sens pratique.

Les gens aventureux n'ont d'ailleurs pas le mono-pole du manque de sens pratique, quoiqu'il soit plus sensible chez eux !

C'est un sens qui se développe dès l'enfance par l'éducation et qu'il est bien difficile de faire naître chez ceux qui sont arrivés à un certain âge sans le posséder. Ces derniers ne doivent pas entrer dans les affaires, ou, du moins, n'y entrer que dans des postes où ils n'auront à prendre aucune décision importante.

Le sens pratique fait malheureusement défaut à bien des ingénieurs qui ont reçu une éducation trop purement théorique.

Ils ramènent tout à leurs études, n'imaginent pas d'autre solu   que celle qui est donnée dans « le cours ». Ils cherchent à tout expliquer en se rappelant ce qu'ils ont appris et non en examinant les conditions actuelles des questions qu'ils ont à résoudre. Ils veulent tout ramener à des formules mathématiques, et, oubliant toujours quelque facteur, ils arrivent à un résultat inexact, alors qu'un simple raisonnement d'enfant les aurait mis sur le chemin de la vérité.

Voici une bonne leçon d'esprit pratique : il sera peut-être plus utile de la raconter que de faire une longue dissertation sur ce sujet.

Elle a été donnée par un vieux praticien, ingénieur en chef d'une Société de constructions électriques :

Un alternateur de grande puissance et à haute tension, qui avait donné de bons résultats aux essais, et qui était nouvellement installé dans une centrale, claquait entre spires à chaque mise sous tension.

Il fut réparé plusieurs fois sans résultat. Les clients firent un procès, on examina les responsabilités. Des experts furent choisis de part et d'autre parmi les spécialistes les plus réputés ; ils se réunirent et firent de nombreux essais : ampèremètres, voltmètres, ondographes, oscillographes, rien n'y manquait !

Mais, après plusieurs semaines d'essais, ils n'étaient arrivés à aucun résultat ; et le secteur que l'alternateur devait alimenter était toujours sans courant, plusieurs lignes de tramways étaient arrêtées.

Voulant avoir le cœur net de cette affaire, l'ingénieur en chef se rendit un jour à la station où était installée la machine ; il causa avec les experts et surtout avec les ouvriers de la station ; il examina attentivement les avaries, les organes de transmission, la salle, le plafond.

Soudain il demanda une échelle et un arrosoir plein d'eau ; très entraîné aux sports, il fut vite monté sur le toit, fit couler l'eau de son arrosoir sur un vasistas qui se trouvait au-dessus de l'alternateur et ne tarda pas à constater que l'eau de la pluie devait, par les fentes, tomber sur le bobinage.

Les causes de l'accident étaient trouvées !

Cet ingénieur avait montré, qu'en certains cas, une échelle et un arrosoir sont des appareils plus utiles que tous ceux des laboratoires.

Il avait prouvé aussi, qu'en certaines circonstances, le sens pratique vaut mieux que de longs calculs.

L'esprit d'initiative.

S'il faut avoir de la décision, de l'initiative, de l'esprit d'entreprise, il faut se défier de l'esprit d'invention.

Les inventions sont indispensables au développement de l'industrie ; ce sont les degrés qui lui permettent de progresser. Comme la langue dans la société, l'invention est ce qui a fait dans l'industrie le plus de bien et le plus de mal.

On confond souvent chez nous un industriel et un inventeur.

Un industriel ne doit pas être trop inventeur. Par contre, il doit avoir, dans son bureau d'études, des inventeurs capables de trouver des améliorations, des perfectionnements, des principes nouveaux qui maintiendront son affaire en tête de sa catégorie.

Il doit aussi être tenu au courant de toutes les inventions qui sont susceptibles de recevoir, chez lui, une application.

Le propre de l'inventeur est de toujours courir après une idée nouvelle.

Dès qu'une étude est terminée, il cesse de s'y intéresser, avant même souvent que les plans soient mis à exécution, dès que « l'esprit qui cherche » a trouvé sa satisfaction, dès enfin que l'*imagination* doit faire place à l'*effort* pour accomplir ce qui a été imaginé.

Son esprit se refuse à s'occuper de ce qui n'est pas nouveau ; le terre-à-terre des travaux nécessaires pour réaliser l'invention lui est pénible ; il trouve mille défauts à l'appareil, au principe, à l'organisation qui l'avait d'abord enthousiasmé.

Déjà son imagination s'est remise en marche sur une nouvelle piste ; elle s'emballe sur une nouvelle idée, sur une nouvelle affaire qui lui apparaît avec l'éclat d'un soleil levant alors que l'autre, l'ancienne, lui semble déjà ternie et sera bientôt oubliée.

C'est une erreur de vouloir toujours courir après la perfection. C'est une erreur pour le bureau d'études, c'est une erreur pour l'ingénieur des ateliers, c'est une erreur pour le directeur.

On devrait être persuadé du principe qu'une machine n'est jamais parfaite parce que rien de ce qui est humain n'est parfait.

« Quand une machine nous paraît parfaite, dit James Hartness (1), nous pouvons affirmer sans crainte de nous tromper que nous ne la comprenons pas parfaitement, et l'on peut affirmer avec certitude qu'il n'y a pas d'autre machine parfaite que le nouveau modèle *qui va* être essayé dans très peu de temps. »

Un projet terminé, une organisation adoptée, il faut l'accepter avec ses qualités et ses défauts.

Il faut se dire que la vérité n'est pas une, et que les choses ne passent pas aussi vite que les points de vue.

____

(1) James Hartness, *Le Facteur humain dans l'Organisation du travail* : Trad. H. Perrot et Ch. de Fréminville (Dunod et Pinat).

Ce qui nous a apparu beau et grand ne cesse pas de l'être parce que notre point de vue a changé et que nous sommes hypnotisés par d'autres choses qui nous paraissent plus belles et plus grandes.

Bien des industries se sont ruinées à vouloir faire toujours des perfectionnements. Là encore, le mieux est quelquefois l'ennemi du bien !

Sauf pour quelques objets de luxe soumis à la mode et qui ne peuvent plus être vendus s'ils ne sont pas du dernier style, il est rare que les produits aient perdu leur valeur parce qu'on a trouvé le moyen de faire un peu mieux.

On voit des ateliers de construction changer, chaque année, et même plusieurs fois par an, leur modèle sous prétexte de l'améliorer. A chaque amélioration correspond un outillage nouveau, un apprentissage nouveau ; les ateliers rencontrent des imprévus, et, tout compte fait, ils se trouvent handicapés de beaucoup par ceux qui ont adopté un seul type depuis plusieurs années, mais qui ont pu, en toute connaissance de cause, y apporter plus de perfection dans le choix des matériaux, dans l'usinage et le montage. Ce dernier type est apprécié de la clientèle qui sait ce qu'elle fait en l'achetant, alors qu'elle hésitera à acheter un modèle qui n'a pas fait ses preuves.

L'expérience d'un atelier augmente avec le nombre des pièces de même espèce qui s'y fabriquent et, à la fin d'une série, on arrive à faire bien mieux et bien plus économiquement qu'au début. Si l'on change les modèles, un nouvel apprentissage de plusieurs mois s'imposera ; il coûtera beaucoup de temps et beaucoup de pièces rebutées.

Il faut savoir établir un type de machine et s'en tenir là ; ne changer que quand il est certain qu'on y trouvera un grand avantage.

Il faut, dans la vie pratique, faire une invention et non des inventions ; une fois cette invention faite, il faut l'exploiter à fond et ne pas chercher à en faire d'autres avant d'avoir tiré de la première tout ce qu'elle pouvait rendre.

Ne pas trop embrasser.

« Cent métiers, cent misères », dit un proverbe populaire ; « qui trop embrasse mal étreint » dit un autre.

Bien des industriels devraient être pénétrés de l'idée que ce n'est pas en multipliant leurs affaires qu'ils doivent chercher à les augmenter.

Une affaire doit croître en s'agrandissant elle-même ; un patron, un directeur, doit augmenter sa situation non en s'adjoignant d'autres affaires, mais en agrandissant celle qu'il dirige.

Toute affaire industrielle est susceptible d'accroissement. Si, par impossible, le cadre est réellement trop étroit et ne peut pas s'agrandir, il est préférable de passer complètement cette affaire à un autre et d'en chercher une nouvelle qui demande les mêmes aptitudes, les mêmes connaissances, les mêmes relations.

Avant de se lancer dans une affaire, il faut se rendre compte si elle est susceptible d'accroissement.

Il faut surtout bien se garder de mener de front plusieurs affaires : les proverbes sont nombreux, encore, pour nous le rappeler ; le besoin a dû, de tout temps, s'en faire sentir : En voici deux qui pourront servir de sujet de méditation à bien des industriels surpris de ne pas réussir. « On ne peut pas courir deux lièvres à la fois. » « On ne peut être à la fois au four et au moulin ».

Une tendance actuelle de l'industrie qui ne peut *s'arrondir* est de s'étendre *en long*.

Un industriel qui consomme des matières premières peut trouver avantageux de les fabriquer pour en avoir la fourniture à meilleur compte.

S'il a des sous-produits, il peut trouver également avantageux de les manufacturer lui-même.

Dans tous les cas, il ne doit agir qu'avec la plus extrême prudence. Il doit savoir, qu'en dispersant son énergie, il en gaspillera certainement une partie. Il doit avoir présent à l'esprit l'exemple de l'homme qui voulait être à la fois meunier et boulanger.

Il peut être utile à un industriel de s'intéresser aux maisons qui lui procurent ses matières premières, de les surveiller, de les contrôler ; il peut également créer des filiales pour l'exploitation de ses sous-produits. En aucun cas il ne doit être lui-même le directeur de ces affaires.

Il multiplierait trop ses préoccupations et en même temps ses chances de ne pas réussir.

L'homme ne peut pas être universel.

Le « doktor allwissend » n'existe que dans les contes allemands. Le cerveau le plus vaste et le mieux équilibré a ses limites.

Si son effort reste concentré sur le même point, l'effet produit sera très intense, si ses forces sont éparpillées, le rendement sera des plus minimes. Nous aurons à revenir sur ce sujet en étudiant la spécialisation, et l'organisation des services.

CHAPITRE III

CE QUE DOIT POSSÉDER LE CHEF

L'éducation

L'éducation s'entend, en général, de celle qui nous a été donnée, dans notre jeunesse, par notre milieu, par nos parents et par nos maîtres.

Il ne faut pas oublier qu'il y a une autre sorte d'éducation non moins importante et qui est à tout instant à la portée de chacun : c'est l'éducation par soi-même.

Il en existe encore une autre. C'est celle qui nous est imposée de gré ou de force par les circonstances de la vie : l'expérience.

Si tout le monde n'est pas d'accord pour affirmer l'utilité de l'éducation pour faire un chef, c'est parce que l'on n'a pas tenu compte de ce que bien des chefs avaient fait eux-mêmes leur éducation.

Au cours de cette étude, nous avons été amenés à chaque instant, à propos de la volonté, de l'intelligence, de la mémoire, du sens pratique, à prononcer le mot : éducation.

Il faut donc en conclure que, si certains esprits supérieurs ont pu se passer de l'éducation première, il n'en est pas de même des esprits plus ordinaires, et que ce n'est qu'après avoir fait eux-mêmes leur propre éducation que les premiers ont pu arriver au niveau qu'ils ont atteint.

Il est des qualités qui demeurent bien atrophiées si elles restent natives, et si elles ne sont pas développées par l'éducation.

L'une d'elles, sur laquelle nous avons insisté, est « le tact ». Il faut plus de doigté, plus de tact pour conduire un personnel quelconque, même composé de gens très simples, qu'il n'en est nécessaire dans toutes les relations de la vie. Or, le plus grand reproche que l'on fait en général à ceux qui ont été élevés trop vite à une haute situation, c'est de manquer de tact.

Certes, beaucoup de gens dits « bien élevés » ne manquent pas une occasion de commettre des impairs ; mais, s'ils sont capables d'en avoir la volonté, ils parviennent rapidement à en diminuer le nombre et l'étendue.

Jamais, peut-être, autant que dans l'armée au cours de cette guerre, on n'a senti le besoin de donner un commandement à tous ceux qui en étaient capables.

De nombreuses notes, émanant d'autorités très diverses, ont été envoyées à ce sujet dans les corps, dans les services et dans les dépôts, prescrivant d'y rechercher tous ceux qui seraient capables de devenir des chefs, et d'essayer de les convaincre du devoir qui leur incombait d'accepter les responsabilités qui sont liées au commandement. Ces notes énuméraient les qualités requises pour chacun des services : on y demandait pour les uns le courage, pour d'autres, l'instruction technique, ou encore les connaissances les plus variées, mais une qualité était uniformément demandée partout : l'éducation.

Qu'est-ce, d'ailleurs, qui fait la vraie différence entre le sous-officier et l'officier, entre le contremaître et l'ingénieur ? C'est pour une petite part l'instruction technique, c'est aussi l'instruction générale, mais c'est surtout l'éducation.

On ne saurait affirmer que l'éducation, telle qu'elle est donnée dans nos collèges ou même dans notre enseignement supérieur, prépare parfaitement les jeunes gens à devenir des chefs.

Pourquoi ne s'est-on pas inspiré davantage des méthodes des écoles militaires qui, elles, y ont parfaitement réussi. On discute souvent la valeur de l'Ecole Polytechnique : la valeur pour la formation des ingénieurs peut-être contestée ; sa valeur pour la formation des chefs est incontestable.

Le service militaire généralisé, joint à nos vieilles traditions sur l'autorité, ont rendu chez nous d'immenses services.

Par nature, ou par éducation, le Français a une facilité extrême à comprendre les devoirs qui incombent au chef. On a dit de nous que nous étions une nation de chefs, malheureusement nous étions aussi depuis quarante-quatre ans une nation de vaincus ! Mais il est surprenant de voir avec quelle facilité les Français qui vont à l'étranger arrivent à commander les hommes ; on en voit peu qui restent toute leur vie de simples manœuvres. Les Américains professent un certain mépris pour « la main-d'œuvre étrangère » pour les émigrants qui n'ont pas été soumis pendant une génération « aux bienfaits de la liberté américaine ». Nous avons cru constater qu'il était toujours fait exception pour les Français.

Il est merveilleux aussi de voir combien, pendant la guerre, les jeunes gens de toute catégorie, de toute extraction, ont su s'assimiler les qualités de commandement nécessaires à un gradé ou même à un officier.

Bien des hommes qui dans la vie civile occupaient des fonctions, où il ne semble pas qu'ils auraient eu jamais à exercer quelque autorité ont su devenir en quelques jours des chefs possédant réellement les qualités du chef, sachant se faire craindre, se faire obéir, se faire aimer, se faire suivre.

On a déclaré que l'initiative s'atrophiait chez les hommes qui ont appris tout jeunes à refréner leurs aspirations, leurs besoins, leurs penchants, à ne rien faire en dehors du cadre tracé, à rester soumis à la discipline de la famille, de l'école, du collège, des usages mondains, des convenances.

Cela n'est pas exact !

Pour avoir de l'initiative, de l'initiative « constructive », l'homme doit avant tout être énergique, et l'énergie au vrai sens du mot ne se développe que par l'habitude de la volonté, de la maîtrise de soi-même.

On constate, il est vrai, chez certains vieux militaires ou chez certains fonctionnaires, une diminution de l'esprit d'initiative qui paraît s'accentuer à mesure que l'âge augmente. Ces hommes rappellent ces vieux chevaux qui, dès qu'on leur laisse la bride sur le cou, s'arrêtent le nez contre un mur.

Le remède à ce manque d'initiative qui n'a d'autre raison que le manque d'occasion de prendre des décisions énergiques, dont le résultat apparaît nettement après leur exécution, serait l'accélération de l'avancement ; s'il est bon d'avoir été plié à une stricte discipline, il ne faut peut-être pas l'avoir été trop longtemps.

Il est possible que la discipline, telle qu'elle est comprise dans nos collèges, ait également une mauvaise influence sur l'initiative ; mais on ne peut l'affirmer, et il est probable que ce n'est pas la discipline elle-même qui a cette mauvaise influence, mais la manière dont elle est pratiquée.

Dans sa correspondance avec son frère, un maréchal, qui fut en même temps un grand homme d'Etat, se plaignait, alors qu'il était encore un jeune officier, de ce que son éducation soignée, ses principes religieux, la discipline à laquelle il avait été soumis, la nécessité de se plier aux conventions sociales, lui eussent enlevé tout espoir de mener la vie d'aventures qu'il avait rêvée, de réaliser de grandes choses.

Il reprochait amèrement à la société, à ses parents, à ses maîtres de l'avoir dès son enfance habitué à marcher.droit sur la grande route fastidieuse sans lui avoir permis de s'en écarter dans des chemins qui lui paraissaient remplis de charme.

La suite de sa vie a montré que c'est en raison même de l'empire qu'il avait sur lui-même, d'abord de celui qu'il a su prendre sur les autres, ensuite que c'est aussi par l'énergie que lui avait donnée cette éducation dont il se plaignait qu'il a été mis en mesure de devenir un homme remarquable et de rendre de grands services à son pays.

Le sens moral, l'esprit religieux.

Un chef est-il tenu, en tant que chef, d'obéir aux principes de la morale ? Il paraît curieux, *a priori*, que la chose ait pu être mise en doute.

Il est pourtant permis de constater, et certains pêcheurs en eau trouble se hâtent de le faire remarquer, que si la plupart des hommes qui ont été réellement des chefs ont été des hommes très vertueux, il s'en trouve non des moindres dont la vie n'a été qu'une suite de dérèglements.

Mais il ne semble pas que l'on puisse, sur ces exemples, édifier une théorie en faveur de l'amoralité. Du fait qu'un homme a su conserver son prestige, tout en s'adonnant aux plaisirs, il ne faut pas en conclure que celui qui veut avoir du prestige doit suivre son exemple. Ce serait une absurdité.

Ce sont au contraire, bien souvent, les lois de la

morale et de la religion qui ont fait d'hommes très ordinaires des hommes remarquables.

Ce serait s'illusionner étrangement que de cultiver les mauvaises herbes dans son jardin sous prétexte que son voisin, qui en avait quelques-unes, a néanmoins fait une bonne récolte !

Ce qu'il faut voir, c'est combien plus belle encore eût été la récolte du voisin s'il avait su en éliminer les mauvaises herbes ; combien plus pure eût été, sans ses vices, la gloire de ce grand homme.

Seuls, a-t-on dit, les imbéciles raillent la vertu ; les chefs doivent en donner l'exemple. Ceux qui se sont efforcés de la pratiquer ont toujours été estimés, aimés et suivis de leurs hommes ; ils ont mérité la confiance, Il est difficile d'être bon, d'être juste, de conserver l'exacte notion de ce qui est bien et de ce qui est mal à celui qui laisse s'émousser son sens moral.

« Chef, épanouis toute ta personne en bonté virile, puissante, conquérante, créatrice... lutte contre tout ce qui diminue, ravale la conscience et la ramènerait à la mesure de l'animalité.

« Afin que, par toi, la vie se répande ; que l'humanité se divinise ; que se réalise le rêve d'unité exprimé par le Christ : *sint unum*, qu'ils soient un.

« A son exemple et par sa grâce fais rayonner partout ta vertu.

« Parce que ta vie intérieure est divine, tu dois être meilleur : *Primus inter pares* (1). »

(1) Dom Hébrard. Le chef catholique et français.

Il nous manque des hommes d'une doctrine ferme et sûre, susceptibles d'exercer une action profonde et capables de conduire leurs collaborateurs dans la voie qui mène au but sans se laisser entraîner jamais par *le doute*.

Seule la religion peut nous donner la base solide sur laquelle nous construirons notre doctrine. Hors d'elle tout repose sur le sable.

Le déchaînement de l'égoïsme individuel, qui n'a d'autres causes que la diminution de l'esprit religieux, a sapé les bases de notre société. Dans toutes les classes on n'a plus entendu parler que de *droits* ; il n'était plus question de *devoirs*.

Au cours de cette étude le mot ou l'idée de *devoir* revient à chaque instant.

Ce n'est que quand les patrons et les ouvriers se donneront les uns aux autres, au nom du devoir, ce qu'ils réclament au nom du droit, que la question ouvrière aura reçu une solution équitable.

L'instruction générale.

L'utilité de l'instruction générale a fait, au cours des dernières années, l'objet d'autant de discussions que l'utilité de l'éducation. Et d'abord, qu'est-ce que l'instruction générale et qu'est-ce même que l'instruction ?

L'instruction consiste dans les connaissances acquises par l'étude ou par l'enseignement. L'enseignement lui-même se divise généralement en trois classes : primaire, secondaire et supérieur.

Contrairement à l'opinion commune, mais conformément aux idées émises récemment par les hommes qui ont étudié le plus sérieusement la question, nous admettons que ces trois enseignements ne se font pas suite dans l'ordre normal.

On doit considérer l'enseignement primaire comme destiné à donner une instruction « technique » ou en tous cas « pratique » élémentaire ; à apprendre à l'homme ce qu'il devra posséder intégralement pour se débrouiller dans la vie.

La même définition, à un degré plus élevé, peut s'appliquer à l'enseignement primaire supérieur.

L'enseignement supérieur doit se placer immédiatement à la suite de l'enseignement primaire. Lui aussi est technique ; lui aussi a un but nettement défini et pratique ; former un ingénieur, un professeur, un commerçant, un magistrat, un officier.

Parallèlement à ces deux enseignements viendra se placer l'enseignement dit « secondaire », ce qu'on appelait autrefois « les humanités » ou encore « l'enseignement classique ». Cet enseignement n'a pas pour but de rendre l'homme plus instruit dans sa profession, mais de lui donner une culture générale qui vient, en quelque sorte, éclairer son instruction primaire ou son instruction secondaire.

L'ensemble ainsi formé fait de lui non seulement

un praticien, un technicien, mais un homme éclairé.
un homme distingué.

L'enseignement dit « moderne » sur lequel on avait
beaucoup compté il y a quelques années a donné peu
de résultats. On l'avait appelé ainsi parce qu'il semblait faire table rase d'idées anciennes, de choses d'un
autre âge déclarées désormais inutiles.

On s'était, pour l'adopter, réclamé des excellents
résultats obtenus en Amérique où, disait-on, les grands
industriels et les grands commerçants s'étaient formés
sans l'instruction classique, sans les humanités.

C'était faire preuve d'une bien courte vue, car,
dès cette époque même, et jusqu'à maintenant, les
revues techniques américaines étaient remplies des
regrets amers des grands industriels et des grands
hommes d'affaires d'outre-océan de n'avoir pas reçu
une instruction plus littéraire, plus classique.

Beaucoup d'entre eux ont cru devoir, déjà âgés,
se donner, à force de volonté, cette instruction ; tous
conseillaient à leurs jeunes compatriotes de se munir
d'un sérieux bagage classique, et ils ne croyaient pouvoir rendre de plus grand service à leur pays que de
fonder des « universités ».

Les idées généralement admises chez eux finissent
par faire école en Europe, et nous voyons M. Maurice
Level, dans le *Manuel de l'Instruction primaire*, s'opposer avec raison à ce que la préparation professionnelle
chasse de notre enseignement primaire les humanités.
A ceux qui opposent la profession de mécanicien à la

culture générale, il répond : «en faisant de la mécanique, nous pouvons rester les fils de Descartes, qui la créa».

On peut admettre que l'enseignement tel qu'il est donné en France à cette époque, donne pour l'industrie les résultats suivants :

L'instruction primaire doit faire de bons chefs ouvriers, si elle est suivie d'un sérieux apprentissage.

L'instruction primaire supérieure peut, dans les mêmes conditions, faire des contremaîtres ou des chefs d'ateliers.

L'instruction supérieure forme des ingénieurs de bureau d'études, des ingénieurs d'atelier, des chefs de comptabilité.

L'instruction classique seule, suivie d'une instruction supérieure plus ou moins étendue et toujours suivie de stages dans des ateliers, peut faire de bons directeurs, de bons chefs d'industrie, de bons chefs de services commerciaux, des chefs capables de diriger des ateliers importants.

L'instruction classique est donc, et cela est conforme à l'opinion de ceux-là mêmes à qui elle a manqué, celle qui est le plus propre à faire « des chefs ».

On a remarqué de tout temps que les hommes qui étaient devenus des chefs militaires de haute envergure possédaient une sérieuse instruction littéraire et continuaient, dans leurs moments de repos, à lire leurs classiques.

Bien des hommes que l'erreur de leurs maîtres ou de leurs parents avaient confinés dans l'enseignement

moderne ont trouvé la plus grande satisfaction à se
plonger dans l'étude de l'histoire ancienne, dans la
lecture des auteurs classiques. On affirme que, depuis
la guerre, de nombreux ouvrages d'auteurs anciens
ont dû être réédités pour donner suite aux demandes
qui provenaient des armées.

Dans l'éducation des jeunes gens, il ne faut pas se
laisser hypnotiser par la possibilité de leur permettre
de gagner leur vie un ou deux ans plus tôt ; car c'est
là tout le gain que peut rapporter une instruction
tronquée.

Il faut au contraire se dire que ces deux années
d'études leur manqueront toute leur vie et les empê-
cheront de se pousser au premier plan ; il faut les
engager à pousser hardiment le plus possible leur instruction générale. Le temps et l'argent ainsi employés
seront loin d'être perdus et auront vite été regagnés
sagement.

Il est sans exemple que, à quarante ans, un homme
se repente d'avoir fait des études trop complètes.

L'instruction technique

Il faut que le chef d'une industrie, et surtout d'une
grande industrie, possède une sérieuse instruction
générale afin d'accroître ses capacités d'organisateur ;
il lui faut aussi une bonne instruction pratique qu'il
aura pu acquérir en travaillant de ses mains dans les
divers services de ses usines, ou d'usines analogues,

mais il ne semble pas qu'il ait besoin de connaissances techniques aussi poussées que celles qui sont nécessaires à un ingénieur de bureau d'études.

On peut donc admettre que le cycle d'études à suivre pour devenir le chef d'une industrie devra être le suivant : instruction primaire, instruction secondaire poussée, principes d'instruction technique, instruction pratique.

On n'a, jusqu'ici, dirigé vers la pratique que les jeunes gens dotés de l'instruction primaire supérieure.

On obtiendrait d'excellents résultats en y entraînant quelques-uns des jeunes gens qui, ayant reçu une sérieuse instruction secondaire font preuve, dans le courant de la vie, d'esprit pratique.

Si ceux de nos bacheliers qui cherchent une situation, et qui se contenteront d'un petit emploi de bureau, étaient dirigés sur un atelier, leur situation serait vite faite, et ils pourraient espérer parvenir à des postes élevés.

Bien plus, pour remédier à la crise sociale actuelle qui, nous l'avons dit, et nous le répétons, provient du fossé qui s'est créé entre les patrons et leurs ouvriers, nous estimons qu'il serait très utile de créer de véritables écoles pratiques analogues en quelques points à nos écoles d'apprentis, qui se recruteraient, non pas parmi des fruits secs ou des incapables, mais parmi des jeunes gens qui posséderaient une instruction secondaire complète et feraient preuve d'un moral élevé.

On leur apprendrait, outre quelques généralités techniques, la pratique du travail auquel ils se destinent ; on leur enseignerait les méthodes modernes d'organisation du travail, on leur ferait connaître les devoirs d'un chef vis-à-vis de son personnel.

Ces jeunes gens pourraient alors rendre les plus grands services dans les ateliers où les industriels avisés devraient leur faire des conditions intéressantes.

Nous sommes persuadés que c'est ainsi que l'on pourrait travailler le plus utilement à l'élévation morale des travailleurs et à l'amélioration matérielle de leur situation, pour le plus grand bien des industries elles-mêmes, du développement économique du pays et de la paix sociale.

Malheureusement, en dehors de jeunes gens ayant une instruction primaire, et de quelques diplômés qui font un stage, qu'ils espèrent le plus court possible, on ne rencontre dans les ateliers, parmi les jeunes gens ayant reçu quelque instruction, que des ratés qui n'ont pu réussir ailleurs et cherchent, dans des emplois de manœuvre, leur pain de chaque jour !

On a considéré, jusqu'à ces derniers temps, que les connaissances mathématiques très poussées étaient nécessaires à un chef d'industrie (1).

(1) Voir M. Léon Guillet, *Étude comparée de l'Enseignement technique supérieur en France et à l'étranger*. Conférence à la Société des Ingénieurs Civils de France. -- Max Leclerc. *La formation des ingénieurs*, Revue de Paris. 15 mai, 15 juin 1916.

Beaucoup d'industriels, et non des moindres, ont pourtant avoué que, depuis longtemps, ils n'avaient fait d'autre opération que les quatre règles. Et la règle à calcul est si commode quand on ne désire pas une précision qui ne peut être intéressante que pour le bureau d'études ou pour le bureau de comptabilité !

Les mathématiques ont leur utilité : d'abord elles forment l'esprit, ensuite elles permettent de saisir les lois de la physique, de la chimie, de la mécanique, enfin on peut avoir recours à elles pour faire soi-même certaines recherches, et surtout suivre dans les ouvrages techniques les démonstrations par formules.

Mais elles ne sont pas la panacée universelle grâce à laquelle tout peut se comprendre et se résoudre et, quoiqu'elles soient très utiles, elles ne doivent pas être la seule base de l'enseignement industriel.

On trouve une unanimité complète dans les principales études publiées récemment sur la formation des ingénieurs.

M. Le Chatelier, dans son étude sur Taylor, nous dit que, « peu familier avec les études mathématiques, il s'est fait aider par deux collaborateurs, MM. Gantt et Barth (1) ».

Une fois de plus, Taylor a montré en quoi consiste l'art du chef : savoir ce qu'il faut et savoir le faire exécuter par des collaborateurs qualifiés.

(1) Le Chatelier. Fr. W. Taylor. *Revue Métallurgie*, avril 1915.

La pratique de l'atelier.

Si nous estimons qu'une instruction technique très étendue n'est pas absolument nécessaire dans la direction d'un atelier, d'une usine ou d'une industrie, surtout si elle a été acquise aux dépens du sens pratique, il n'en est pas de même de l'instruction pratique dont il est bien difficile de se passer complètement.

Les ouvriers, les contremaîtres, ont beaucoup de considération pour le chef à qui ils savent que l'on ne peut pas « monter le coup ». Ils doivent être persuadés que leur puissance de production est exactement connue de lui.

C'est là une des bases de l'autorité dans les ateliers.

Un homme n'accepte jamais délibérément d'obéir à un autre homme s'il ne le sent supérieur à lui. Or. l'ouvrier attache, à juste titre, la plus haute importance à la *connaissance de la technique élémentaire* de son métier.

C'est sa propre valeur dans cette connaissance qui constitue sa valeur comme ouvrier, sa capacité de production, et qui détermine son salaire.

Il ne fait que peu de cas de l'*instruction générale* dont il ne sent pas bien l'utilité car elle ne s'impose pas à lui constamment, de même qu'il n'attache que peu d'importance aux *capacités administratives* et, qu'enfin, il méprise presque les *capacités commerciales*.

Il faut voir de quelle manière les ouvriers des usines

de construction parlent des ingénieurs du service commercial « les épiciers » comme ils les appellent ! Ils ne les aperçoivent que de loin en loin, dans une tenue élégante, et ils les considèrent, souvent à tort, comme nuls en technique et incapables d'un effort.

Ne s'est-on pas trop éloigné, dans le choix de ces ingénieurs, des hommes possédant la pratique de l'atelier et des machines qu'ils sont chargés de vendre ? Peut-être, mais cette étude n'est pas à sa place ici.

On constate le même état d'esprit de la part du soldat dans la tranchée, vis-à-vis des officiers de l'arrière, des officiers d'état-major, de ceux surtout qui ne paraissent pas au courant des menus détails de sa vie quotidienne.

Le soldat, comme l'ouvrier, apprécie le chef qui partage sa besogne, il apprécie l'officier, le chef d'atelier, l'ingénieur, surtout s'il est haut placé, qui n'hésite pas à se salir les mains, à prendre au besoin un outil pour lui montrer comment accomplir une opération.

Si ce chef vient à lui demander un renseignement ou même un service il sera heureux de lui donner et de mettre à sa disposition le fruit souvent très utile de son expérience, de sa réflexion, de ses méditations.

Il est donc nécessaire à celui qui doit commander à des ouvriers de bien connaître la technique pratique de son industrie.

Certes, il n'est pas possible d'être spécialisé en tout. Il ne faut donc pas se risquer à mettre la main à un ouvrage dans lequel on se montrerait maladroit et qui attirerait des sourires. Il faut éviter, si un ouvrier répond à un reproche : « C'est possible, mais montrez-moi donc un peu comment il faut faire » de ne pouvoir lui montrer que l'on peut mieux faire.

Il faut aussi faire la plus grande attention à ne pas poser de ces questions que l'on regrette aussitôt qu'elles ont été énoncées.

On doit peser ses mots, et se rappeler en tout temps que si la parole est d'argent, le silence est d'or.

Il vaut mieux faire parler les gens que parler soi-même, si l'on ne possède pas bien à fond son sujet.

L'ouvrier doit être convaincu que son chef sait tout ce qu'il sait lui-même, et bien d'autres choses encore. Cette réputation sera vite répandue, exagérée, au moins autant que le serait sa réputation contraire s'il avait commis quelques impairs. Son prestige et son autorité se trouveront ainsi affermis de la manière la plus considérable.

Un chef d'usine doit distinguer parmi ses jeunes ingénieurs, parmi ses ouvriers intelligents et instruits ceux qui ne regardent pas le travail manuel comme inférieur à eux.

Les hommes chez lesquels il trouvera cette qualité, seront presque toujours dignes d'être élevés et de recevoir un commandement.

Ce sont les hommes d'avenir.

Ce n'est pas seulement pour ne pas paraître en état d'infériorité vis-à-vis de son personnel qu'un chef d'industrie doit connaître la pratique de son métier.

Il devra aussi, de tous ses efforts, améliorer les conditions du travail, le rendement des machines, l'organisation de ses ateliers et de sa production, et, pour cela, il lui sera nécessaire de connaître à fond ses machines-outils, les procédés de fabrication, d'usinage, et les méthodes employées par ses contremaîtres et par ses ouvriers.

L'adoption des méthodes modernes d'organisation des ateliers que l'on appelle les « méthodes scientifiques », et sans lesquelles il n'est plus possible à une industrie de compter se lancer avec quelque chance de succès dans la lutte économique, montre bien l'importance sans cesse croissante de la science de la technique pratique, jointe à une sérieuse instruction générale.

Cette science de la technique pratique ne peut s'acquérir que par la fréquentation des ateliers.

Il est excellent, à tous points de vue, d'avoir partagé quelque temps la vie des ouvriers.

« Il est toujours intéressant, et même parfois cruellement instructif, de prêter l'oreille aux commentaires de l'homme « en bleu », spécialement quand cet homme ignore qui a conçu le travail qu'il exécute et qu'il adresse ses reproches à celui qui a été appelé à y collaborer (1). »

Tous les chefs regrettent, à certains moments de leur existence, d'être dans l'obligation de conserver

____

(1) « American Machinist ».

les distances, de ne pouvoir vivre dans l'intimité de leurs hommes.

Il leur serait bien utile de se retremper dans leur métier, de connaître leurs idées, leurs opinions, leurs avis donnés en toute franchise et en toute simplicité.

On ne saurait trop conseiller, au jeune ingénieur qui fait un stage à l'atelier, de considérer ce stage non comme une brimade ou comme un moment pénible qu'il faut s'efforcer de passer le plus commodément possible, mais comme la période de leur vie industrielle où il est le plus à même de s'instruire et de s'armer pour assurer le succès de sa carrière.

Il est deux catégories d'ouvriers qu'il lui sera particulièrement utile de fréquenter :

L'ouvrier jeune et actif, qui se sent plein d'énergie, et qui a le désir de parvenir. Il va d'atelier en atelier, cherchant à s'instruire.

Il a déjà beaucoup vu, car il est entré jeune à l'usine, et il a souvent retenu beaucoup de choses dont il fera part à son camarade, du moment que celui-ci lui donnera, en retour, des explications, des éclaircissements, et souvent même des leçons.

Le vieil ouvrier, non pas celui qui est momifié, qui a travaillé toute sa vie sans penser à rien, mais celui que l'on trouve si fréquemment en France, qui a du bon sens, qui a réfléchi à tout ce qu'il a vu, qui en a tiré des conclusions au double point de vue industriel et social.

Ses conclusions pèchent souvent par plus d'un côté,

mais elles contiennent beaucoup de vrai, et un homme instruit en fera utilement son profit.

L'ouvrier est en général très jaloux de ses connaissances acquises au prix d'une vie de labeur. Suivant son expression, il ne veut pas « passer ses trucs » à quelqu'un qui ne lui plaît pas.

Le stagiaire doit donc d'abord acquérir sa confiance.

Cela ne tardera pas s'il partage son travail simplement, sans affectation, s'il lui rend de menus services, si même il témoigne à son « compagnon » une certaine admiration pour son habileté dans son métier.

Il devra ne pas fuir les ouvriers très spécialisés.

Leur horizon est étroit ? — Certes ! mais justement, dans cet horizon restreint, rien ne leur est étranger.

Pendant qu'il s'instruira, le jeune ingénieur pourra faire le plus grand bien, au point de vue moral et au point de vue social, à ceux qu'il aura ainsi approchés.

Un ouvrier est toujours heureux de voir un jeune homme qu'il peut quelquefois jalouser, mais qu'au fond, il admire, qui aurait pu, pense-t-il, vivre sans rien faire ou travailler dans un bureau, venir partager sa vie et se mettre sur le même plan que lui.

Et le jeune ingénieur devra bien prendre garde à ne pas déconsidérer le travail qui est l'honneur de ses compagnons.

Il ne devra pas trop se distinguer d'eux par sa mise, se montrer travailleur infatigable et consentir de bon cœur à faire sa part des travaux les plus ennuyeux et les plus pénibles.

Il sera doublement heureux quand, le soir, après une bonne toilette, il s'habillera pour aller passer sa soirée dans le monde qu'il a l'habitude de fréquenter.

CHAPITRE IV

AGIR SUR SA PROPRE PERSONNALITÉ

Avoir des idées générales

C'est un grave défaut, pour celui qui exerce un commandement, de trop se préoccuper des cas particuliers et de ne pas avoir d'idées d'ensemble.

Ce défaut est très fréquent. Il se remarque chez bien des hommes, et nous avons déjà dit qu'il est particulièrement l'apanage de ceux qui n'ont pas reçu une formation générale suffisante.

Il faut savoir porter son attention sur tous les points particuliers, les scruter dans tous leurs détails comme à la loupe, mais il est indispensable de ne pas tout voir en myope.

Il faut savoir s'éloigner de son sujet et le regarder dans son ensemble.

Le peintre, après avoir fignolé une partie de son travail, s'éloigne de sa toile, et cligne les yeux pour ne plus voir que les lignes générales.

Avoir des idées et une méthode générales, dresser un plan d'ensemble, doivent être les préoccupations constantes de l'industriel.

On a pu dire avec justesse que toutes les méthodes sont bonnes, l'essentiel étant d'en avoir une. Il faut la choisir et savoir s'en tenir à elle.

A chaque cas particulier, on est tenté d'appliquer une solution particulière.

Dans une bonne administration, il n'y a pas de cas particuliers ; ou tout au moins s'il s'en présente trop fréquemment, c'est que le cadre est mal fait ; l'organisation est à refaire.

Les idées générales ne doivent pas dégénérer en idées fixes. Tel système réussira très bien à l'un qui ne vaudra rien pour un autre. Telle méthode qui sera très heureusement appliquée dans une industrie donnée, ou avec une certaine catégorie de personnel ne donnera d'ailleurs que de très mauvais résultats.

Un chef audacieux, énergique, plein d'allant, ne devra pas employer les mêmes méthodes qu'un autre qui se sent timoré, qui sait qu'il manque souvent d'énergie et qui n'a pas entièrement confiance en lui-même.

En cela doivent intervenir au plus haut degré le jugement, le tact et l'intelligence.

L'autorité, le prestige

L'autorité d'un chef est faite des sentiments d'admiration, d'affection, de crainte qu'il a su imposer à son personnel.

Avoir de l'autorité est le propre du chef. C'est à lui de connaître les méthodes propres à lui donner cette autorité.

Toutes les qualités que nous avons étudiées sont nécessaires au chef pour conserver son autorité. Si l'une quelconque de ces qualités vient à manquer, l'autorité tend à s'effondrer, et elle ne peut être maintenue que grâce à de grands efforts dont l'heureux résultat n'est pas toujours certain.

Le prestige est une sorte d'auréole qui entoure la personnalité du chef, et qui concourt à augmenter son autorité.

Il est fait de l'assurance que possède le personnel que son chef a bien des qualités qui le mettent au-dessus du niveau des autres hommes : qualités de commandement, qualités physiques, qualités morales.

Mais, si toutes les qualités d'un chef apparaissent à ses hommes comme grossies à la loupe, il ne faut pas oublier qu'il en est de même de tous ses défauts.

Il appartient au chef de veiller constamment à l'intégrité de son prestige, non par orgueil et pour tromper grossièrement les hommes qu'il commande, car ils ne tarderaient pas à s'apercevoir de leur méprise, mais pour mettre ses qualités de chef en relief, et surtout pour éviter que les défauts qu'il n'a pu parvenir à réformer ne deviennent par trop flagrants.

Certains chefs peuvent se permettre de la familiarité avec leurs hommes sans que leur prestige en soit atteint ; c'est un résultat de leur caractère ou de leur éducation. Mais sur ce point, il faut agir avec la plus extrême prudence : « Il n'est pas de grand homme pour son valet de chambre », a-t-on dit ; « nul n'est prophète dans son pays » dit-on aussi.

Il faut, en règle générale, pour conserver son prestige, savoir garder les distances.

On connaît des chefs qui ont été obligés de lutter continuellement contre leurs défauts et qui y ont réussi. Leur personnel en est arrivé à leur attribuer, comme qualité maîtresse, celle-là même qu'ils craignaient tant de ne pas posséder.

Il ne faut pas, en pareille matière, vouloir forcer son talent ; tout doit être fait dans la mesure de ses moyens.

Le roseau peint en fer ne parviendra qu'à se couvrir de ridicule ; le bois armé d'acier sera appelé à rendre les plus grands services.

Un chef doit toujours tenir compte, dans ses relations avec ses subordonnés, de ce qu'il est ou n'est pas en service.

Un principe absolu, dans l'atelier comme au bureau, est que les heures de travail doivent être exclusivement consacrées au travail.

On y parle de ce qui a trait aux affaires, jamais d'autre chose ; on n'y lit pas les journaux, on n'y fait pas sa correspondance privée, on n'y reçoit pas de visites personnelles, sauf dans des cas exceptionnels.

Au dehors, au contraire, une fois le travail terminé, rien ne s'oppose à ce que la plus grande cordialité règne entre chefs et employés.

Le chef doit paraître oublier qu'il est le chef, tant qu'il sent que son inférieur s'en souvient.

Il doit se ressaisir s'il croit s'apercevoir que la familiarité devient exagérée, ou dès qu'il rentre dans le service.

Pour y parvenir, il doit bien éviter de mêler les affaires de service avec les relations. C'est là le meilleur moyen d'éviter bien des heurts et des froissements.

Le bon exemple, la franchise

Un chef doit être, pour ses hommes, un modèle vivant de toutes les qualités qui leur sont nécessaires.

L'exemple a le plus grand effet sur le personnel.

Bien souvent, sans lui, des ordres ne seront exécutés qu'avec la plus extrême difficulté, alors que, sans ordre, les hommes s'astreindront à des obligations pénibles pour suivre l'exemple de leur chef.

Il ne faut donc pas admettre, ni pour soi-même, ni pour ses sous-ordres, le principe très commode en apparence : « Faites ce que je dis, et non ce que je fais ».

Un chef paresseux ne pourra obtenir du travail de ses ouvriers que par des méthodes vexatoires ; un chef laborieux n'aura besoin, pour stimuler ses hommes, de rien autre que son exemple.

Le bon exemple doit être donné sans affectation ; la simplicité et la franchise sont nécessaires pour acquérir la confiance de ses subordonnés.

La dissimulation, les faux-fuyants destinés à cacher des erreurs ne peuvent produire longtemps leur effet.

Les hommes savent vite à quoi s'en tenir et ils acquièrent de la défiance pour celui qui ne leur parle pas à cœur ouvert.

Les ouvriers ont une tendance, hélas trop justifiée, à croire que leur chef veut les abuser.

Si le chef prête à la critique par sa maladresse ou par son manque de franchise, toutes ses autres actions deviendront suspectes à ses hommes, quelles que soient ses intentions.

La confiance en soi

Un chef ne peut imposer confiance à ses hommes, qu'autant qu'il a de la confiance en lui-même.

La confiance en soi est une assurance que donnent l'expérience et l'habitude de se mesurer avec les difficultés, qui fait que l'on compte réussir dans ce que l'on a entrepris.

Cette confiance doit s'étayer sur des bases sérieuses et ne pas être confondue avec la témérité, la présomption, la vantardise.

La confiance en soi engendre l'audace qui s'appuie sur des précisions, alors que la témérité ne s'appuie que sur l'imagination.

La prudence sait prévoir toutes les difficultés, mais elle ne se préoccupe que des réalités.

L'homme timoré craint des difficultés qui n'existent pas.

Que les timorés, s'ils sont jeunes, ne se désespèrent pas : avec de la volonté, de la ténacité et de l'expérience, ils parviendront à acquérir de la confiance en eux-mêmes.

On se trompe aisément sur le compte des audacieux. La vraie audace n'est pas celle de l'homme qui fond tête baissée sur l'obstacle qui le sépare du but à atteindre, mais celle du travailleur qui voit les difficultés et qui fait inlassablement ses efforts pour les réduire et pour les surmonter.

Avoir de l'audace, c'est être confiant dans la puissance de ses moyens, mais ce n'est possible que si on connaît l'exacte mesure de ses moyens.

L'homme qui, à force de volonté et d'énergie, aura su venir à bout de graves difficultés pourra compter vaincre celles qui se présenteront à l'avenir. Il saura mesurer chaque nouvelle difficulté et faire l'effort nécessaire pour en venir à bout.

Son personnel aura vite appris qu'il peut marcher sans crainte derrière un chef qui saura lui aplanir toutes les difficultés et que rien n'arrête.

La manière forte

La force est la base du principe de l'autorité ; elle doit demeurer la dernière fin de ceux qui commandent, comme elle est la dernière fin de ceux qui gouvernent.

Mais l'autorité, quoique basée sur la force, doit s'exercer sans qu'il en soit fait un usage constant.

Ce serait s'abuser que croire que la seule manière de conduire un personnel industriel est la manière forte.

C'est pourtant cette manière qui a été employée pour conduire les ouvriers des générations qui nous ont précédés, et nous constatons aujourd'hui qu'elle n'a donné que de tristes résultats. Elle a contribué à approfondir encore le fossé qui s'était creusé entre les patrons et leur personnel.

On ne doit pas commander des ouvriers comme on commanderait des esclaves, l'emploi exclusif de la manière forte ne donnerait que de bien mauvais résultats.

Un contremaître, un chef d'atelier ne doivent pas être des garde-chiourmes ; et l'on sait, d'ailleurs, quel faible rendement donne le travail dans les prisons.

Un chef d'industrie doit conduire et stimuler son personnel par la communauté des intérêts.

Son affaire doit constituer une véritable association dans laquelle chaque collaborateur doit avoir un intérêt personnel à suivre l'impulsion donnée par le directeur, par le patron, et à travailler de toute la puissance de ses moyens pour atteindre le but commun.

Ce but est, pratiquement, le succès financier de l'affaire qui permet de récompenser tous les efforts ; il est aussi l'élévation morale qui résulte toujours d'un travail accepté librement.

La force du chef d'industrie doit résider dans l'autorité que lui donnent ses qualités de chef, et dans la confiance qu'il sait inspirer à ses ingénieurs, à ses ouvriers, à ses employés.

Ce qu'il faut, c'est seulement que le personnel sache

que la volonté du chef s'appuie sur sa force morale, et il doit tirer cette force de ses capacités personnelles plus encore que de sa situation.

Le personnel doit être en outre convaincu que, dans un cas extrême, son chef n'hésitera pas à employer la manière forte, car un chef qui pourrait être taxé de faiblesse aurait vite perdu toute son autorité.

Mais aucune des organisations humaines qui s'est appuyée uniquement sur le principe de la force brutale n'a été durable. Les dictatures, les empires n'ont eu qu'un temps.

DEUXIÈME PARTIE

Connaître les hommes

CHAPITRE V

CE QUE SONT LES HOMMES

L'étude du personnel industriel

Nous avons cherché, dans la première partie de ce travail, à étudier la personnalité du chef dans l'industrie, à examiner les méthodes qui lui sont utiles pour assurer son action sur ses hommes et obtenir d'eux le plus possible de rendement, tout en leur donnant le maximum de bien-être matériel et moral.

Nous avons vu que le choix de ces méthodes dépend en grande partie du tempérament et des aptitudes du chef.

Mais il faut qu'elles s'adaptent également aux hommes qu'il aura à commander ; la connaissance de ces hommes, que nous allons étudier dans la seconde partie de notre travail, est donc aussi un des facteurs les plus importants de l'art de commander.

En certains cas, ce facteur peut assurer la réussite

de ceux-là même, qui, par ailleurs, n'ont pas été préparés à la vie industrielle.

Un homme d'expérience qui, déjà âgé, parvint rapidement à mener à bien une affaire industrielle employant un nombreux personnel répondait à des amis qui s'étonnaient d'une réussite aussi prompte : « Je ne connaissais pas les machines, en effet, mais je connaissais si bien les hommes ! »

L'habitude de manier les hommes, qui ne peut s'acquérir que par un contact constant avec eux, se perd vite dès que le contact cesse ; il faut savoir s'en rendre compte, et avoir recours, en toute circonstance difficile, aux lumières de ceux qui vivent constamment parmi eux.

Il faut connaître, en particulier chez les ouvriers, 'e courant des idées, qui peut changer très rapidement, les impressions, les aspirations, les caractères de chaque 'ndividu et de chaque groupement, savoir à quels mobiles ils obéissent, quels sont ceux qui sont en état de les diriger dans le bien, quels sont ceux qui les entraînent au mal.

Il faut s'inquiéter des misères, misères matérielles et misères morales, hélas si nombreuses !

Celui qui a la responsabilité d'un grand nombre d'hommes est sans cesse aux prises avec les problèmes les plus ardus : deviner les idées, ménager l'amour-propre et la susceptibilité, prévenir les mécontentements, les jalousies, les colères, satisfaire ou réfréner les envies, donner à chacun l'impression que justice lui est rendue, forcer au travail les paresseux, à la tempérance, les ivrognes, à la bonne conduite les indisciplinés et les débauchés, limiter le désir de l'argent quand il devient injustifié.

On trouve là, en vérité, comme dans toute réunion d'hommes quelle qu'elle soit, le germe des sept péchés capitaux : il appartient au chef, à celui qui a la responsabilité de cette société, de leur opposer, de tous ses efforts, une digue contre laquelle chacun d'eux viendra déferler sous la forme de mécontentement ou de haines de la part du personnel inférieur ; sous la forme d'injustice, de passe-droits, de favoritisme, de gabegie de la part des chefs en sous-ordre ; sous la forme enfin d'ambition démesurée, de manque de loyalisme ou de paresse chez les agents d'un rang plus élevé.

Il ne faudrait pas croire, d'ailleurs, que tout est mal dans cette société : Cette écume de mauvais penchants recouvre une mer de qualités admirables.

La liste est longue de celles que l'on rencontre à chaque pas chez l'ouvrier : travail, dévouement, acceptation des travaux et des situations les plus pénibles, désintéressement, besoin d'affections et d'amitiés, courage, enthousiasme pour les idées généreuses ou qu'il croit telles, sentiments paternels et familiaux très développés, sentiments artistiques qui ne demandent qu'à être bien dirigés, désir d'accroître son instruction technique ou son instruction générale, désir de connaître les questions sociales, de défendre les intérêts de ses camarades, de sortir de l'ornière, d'élever moralement l'humanité.

Avec ces qualités, on trouvera chez lui le dévouement à l'affaire qui l'emploie, l'empressement à répondre aux désirs de son chef, à lui donner l'impression qu'il est compris, aimé et suivi ; le don de lui-même qui fait qu'en toutes circonstances, dans un coup de collier, l'homme ne tiendra pas compte de la fatigue, du surmenage, du danger ; qu'il risquera sa vie sur un ordre de son chef ; qu'il la risquera non seulement pour défendre son pays, sa famille, son semblable, mais même pour exécuter la consigne qu'il aura reçue et sauver un bâtiment, une machine, un appareil en danger.

Ce sont toutes ces qualités qu'il faut savoir mettre en relief, ces défauts contre lesquels il faut lutter utilement. Cela ne peut s'obtenir qu'au prix de beaucoup de travail, de beaucoup de peine et d'une étude approfondie.

L'étude des collectivités

Dans l'étude d'un personnel quelconque, il importe de distinguer l'individu de la collectivité.

Dans le personnel ouvrier en particulier, ce qui s'applique à l'ouvrier pris en particulier peut ne pas s'appliquer à la collectivité.

L'erreur de beaucoup de raisonnements, sur lesquels on a établi les questions qui concernent la société ouvrière, a été de ne pas faire cette distinction, et d'appliquer à l'ensemble ce qui n'était le fait que de quelques cas plus ou moins fréquents.

« La Société, dit Proudhon, n'est pas la simple somme des unités qui la composent, elle a une force collective qui est une réalité originale. »

Dans l'étude du personnel industriel il faut donc ne pas dire au hasard : « l'ouvrier » ou les « ouvriers ».

« L'ouvrier », c'est un homme, un homme comme tout le monde, qui ne se différencie en rien, surtout en France, des autres hommes qui forment la société.

« Les ouvriers » constituent une entité qui a ses fonctions propres, sa psychologie, sa physiologie, ses habitudes. On ne peut pas dire à proprement parler que cette entité soit un organisme, mais les idées sociales actuelles tendent, précisément, à son organisation.

Le chef doit tenir le plus grand compte de ce que bien des lois qui s'appliquent à l'individu ne s'appliquent pas à l'ensemble, et inversement.

Il ne doit pas parler, d'homme à homme, à un individu, comme il pourrait le faire devant une troupe. Réciproquement, des paroles qui, dites à une foule, n'auraient aucun effet, agiront puissamment si elles s'adressent à un individu.

Un orateur, un tribun qui sait entraîner les masses serait souvent incapable de diriger une usine et s'attirerait vite les plus graves manifestations de mécontentement. Au contraire, un homme doux, sérieux, pondéré et travailleur, peut avoir une grande influence sur les individus et parvenir par eux à agir sur l'ensemble.

La caractéristique de l'action directe sur la collectivité est d'avoir des effets rapides, foudroyants. Ces effets sont, en général, sans durée.

Seule l'action sur la masse par l'individu peut, en modifiant chacune des cellules, changer d'une façon durable l'essence même de la collectivité.

CHAPITRE VI

L'OUVRIER AU TRAVAIL

Savoir choisir les hommes

Un chef d'industrie doit savoir mettre l'homme à la place qui lui convient, mais il doit se pénétrer de cette pensée que, « si on peut trouver un homme pour chaque place, on doit trouver une place pour chaque homme ».

L'art de choisir les hommes doit donc se doubler de celui de choisir les places, de trouver l'emploi de toutes les forces. Il y a peu d'hommes dont les qualités, et même les défauts ne puissent être utilisés.

Vus de loin, tous les hommes d'une même catégorie paraissent semblables, mais il ne faudrait pas se fier à cette apparence qui résulte d'un examen superficiel.

On a une grande tendance, quand on prend contact avec une Société nouvelle, à généraliser les caractéristiques que l'on a cru pouvoir relever sur certains éléments. C'est ainsi que nous avons longtemps en Europe été nourris d'illusions au sujet de certains pays orientaux, du Japon par exemple que nous ne voyions que tel qu'il est décrit par des auteurs de roman. De même, jusqu'en 1914, beaucoup d'étrangers assimilaient l'ensemble des Français à ceux qu'ils avaient rencontrés à Montmartre ou sur les grands boulevards.

Il faut vivre avec une société pour bien la connaître ; mais c'est surtout quand on est avec elle en rapports d'affaires, ou mieux encore, quand on la fait travailler, que l'on saisit toutes les nuances qui distinguent les divers groupements ou les individus.

Rien n'est identique, ni les intelligences, ni les caractères, ni les qualités, ni les défauts.

Rien, en outre, n'est constant ; les dispositions du corps et de l'esprit varient quelquefois très rapidement avec les circonstances.

Il ne faut pas, en particulier, croire que tous les ouvriers sont identiques.

Il ne faut pas traiter un ouvrier du Nord comme un Parisien, ni un Parisien comme un ouvrier du Midi. On ne mène pas les terrassiers comme les ajusteurs, les manœuvres comme les compagnons.

Il faut faire une différence entre l'ouvrier jeune et intelligent qui désire uniquement s'instruire, et l'ouvrier chargé de famille qui ne voit dans son travail que la paye du samedi.

Beaucoup d'ouvriers jeunes, ayant quelque instruction, allant d'usine en usine pour acquérir de nouvelles connaissances, se lassent d'un travail quand ils l'ont fait pendant plusieurs semaines. Ils n'y trouvent plus d'intérêt et demandent à en changer. Si leur chef n'accédait pas à leur désir, ou même ne le prévenait pas, il risquerait de les perdre.

J'avais eu le tort de généraliser cette idée alors que je venais d'être nommé chef d'atelier dans une usine de constructions mécaniques, et j'avais cru être agréable à de bons mais vieux ouvriers en changeant leur travail, tout en leur conservant la même paye. Je compris mon erreur quand ces ouvriers vinrent me demander si j'étais mécontent de leur manière de travailler et me dire que, s'il n'en était pas ainsi, ils désiraient continuer jusqu'au bout la série qu'ils avaient en mains.

Tout ce qu'ils demandaient, c'était de gagner leur vie et de penser le moins possible.

Il est bien entendu, d'ailleurs, comme le dit James Hartness (1) « qu'il faut que chaque position soit remplie par celui qui la désire et qui sait que c'est dans cette position qu'il peut le mieux employer ses facultés. Les hommes mécontents se font toujours traîner. Il vaut mieux que chaque position soit remplie par un homme qui est tout juste capable de la remplir, que par un homme qui est fait pour une situation bien supérieure ».

Il faut, pour son choix, tenir compte de ce fait, sur lequel nous reviendrons, que l'homme n'a pas la haine du travail si ce travail est assez intéressant pour atta-

____

(1) James Hartness. Le facteur humain dans l'Organisation du travail (*op. cit.*).

cher son attention, et s'il n'est pas au-dessus de ses forces.

« Plus souvent qu'on ne l'imagine, l'ouvrier aime son travail et travaille avec ardeur parce qu'avec plaisir.

« Quand on introduit dans une usine un travail nouveau, les ouvriers cherchent à en avoir la charge. Plus ce travail est délicat, plus ils désirent l'entreprendre. »

C'est ainsi que s'exprime, dans son étude fort intéressante sur ce sujet (1), M. Lahy. Il parle, évidemment des bons ouvriers de l'industrie.

On ne doit donc pas se figurer que l'ouvrier n'accepte son travail que contraint et forcé, qu'il ne pense qu'à en faire le moins possible et à ne pas se fatiguer.

Il en est beaucoup évidemment, comme les vieux ouvriers dont je parlais tout à l'heure, pour qui le travail constitue seulement le moyen d'existence et qui, en dehors de leur travail, consacrent leur activité à une œuvre ou à une idée.

Mais ceux-là mêmes, à l'usine, s'intéressent certainement à leur travail.

M. Ford affirme que son vrai métier n'est pas de construire des automobiles, et que les voitures qui sortent de son usine « ne sont que les sous-produits de sa réelle affaire qui est de faire des hommes (2) ».

(1) J. M. Lahy. *Le système Taylor et le travail professionnel* (Masson et Cie).

(2) Dr Samuel S Marquis. « The Ford idea in education » (Conf. à l'Ass. Nat. d'Education à Detroit).

Néanmoins il ne vient à l'idée de personne de supposer que M. Ford ne s'intéresse pas au travail qui se fait dans ses ateliers et à la construction de ses automobiles.

La plupart des ouvriers suivent la loi naturelle ; ils s'intéressent à leur occupation habituelle, ils cherchent à acquérir de l'habileté dans leur travail, ils lisent des livres qui s'y rapportent, ils en discutent les théories et les détails, en dehors même de l'usine, avec leurs camarades.

On en voit souvent qui hésitent à quitter leur situation pour une autre plus rémunératrice, parce qu'ils aiment leur métier.

Pour beaucoup d'ouvriers, le métier est un art véritable dans l'exécution duquel ils apportent tout leur goût. Certains d'entre eux ont un genre à eux, un coup d'outil spécial, un tour de main dont ils sont fiers et qui distingue leurs pièces, leur donne plus de fini, plus de chic que n'en ont celles des autres.

Aussi ne peut-on pas s'engager à la légère dans la méthode qui a été si vantée et qui consiste à distribuer au hasard les emplois et les spécialités, ou encore à avoir des machines et des outils qui peuvent servir à tout homme indifféremment.

Chaque homme doit travailler avec des outils dont il a l'habitude et qui ont été faits pour lui. Les machines doivent être étudiées pour les hommes qui auront à les conduire et on ne peut affecter un homme à une machine qu'après avoir acquis la certitude qu'il est capable de s'y adapter.

La spécialisation

Le principe de l'emploi de chaque homme suivant ses aptitudes conduit à la spécialisation.

Le petit patron exécute, dans son atelier, tous les travaux. Il est à la fois forgeron, ajusteur,tourneur, comptable, vendeur.

Il n'y a à cela que des avantages tant que l'industrie reste embryonnaire et que celui qui la conduit est capable de mener de front tous ces travaux. Il y trouve même de véritables satisfactions.

Mais, dès que son affaire se développe, il est tenu de changer de méthode, car celle qu'il employait, très satisfaisante au point de vue moral, ne donne qu'une très mauvaise utilisation des facultés de l'homme, produit une dispersion de son énergie et risquerait d'amener rapidement le plus grand désordre dans son atelier.

On a à lutter constamment, dans l'industrie, contre la dispersion de l'énergie, l'éparpillement des forces.

Dans un but très louable, mais contraire à une bonne administration, les chefs d'ateliers, les contremaîtres et même les ouvriers ont toujours une tendance à agir comme de petits patrons.

Si l'on n'y prend pas garde, chacun aura bientôt sa forge, son atelier d'outillage, de menuiserie, son magasin de pièces de rechange et chacun d'eux saura prouver de la manière la plus évidente à son directeur que le rendement devient ainsi beaucoup plus considérable.

Tous les hommes, qu'ils soient ouvriers, contremaîtres ou chefs de service, ont une répugnance instinctive à s'adresser à un autre service. Il leur semble qu'ils sont mis sous la dépendance de celui à qui ils doivent recourir.

Il y a toujours dans leurs relations des frottements durs, car un homme trouve toujours, quand il doit s'en servir, que l'outil fait par un autre est mauvais, que la pièce préparée par un autre est imparfaite.

Ces frottements durs se constatent au plus haut point dans les relations entre contremaîtres et contrôleurs. Un contrôle bien fait a pour but de supprimer toutes les défectuosités de l'usinage et de la fabrication ; si le contrôle est efficace, il doit apparaître aux ouvriers et aux contremaîtres comme un rouage inutile. Ce serait pourtant courir à un désastre que de supprimer le service du contrôle, sous prétexte qu'il n'a plus de défectuosités à signaler.

Un patron, un directeur d'usine, tout en faisant son possible pour mettre de l'huile dans tous les rouages, ne doit donc pas s'indigner de voir des différends s'élever entre les chefs en sous-ordre.

Ces différends ne sont, au fond, qu'un résultat de l'amour-propre avec lequel chacun d'eux dirige son service, et de leur désir de bien faire, joints quelquefois au manque d'idées générales et à des imperfections de caractère ou d'éducation.

Ils sont fatals, mais nécessaires.

Ce serait, d'ailleurs, une méthode déplorable, dans l'industrie, que de diviser pour régner. Au point de vue du rendement comme au point de vue de l'intérêt même des ouvriers, il est bon d'entretenir entre les services une certaine émulation, mais elle doit être limitée et ne pas dégénérer en animosité. Il faut exiger de chacun qu'il se tienne dans ses attributions, comme aussi qu'il utilise ses prérogatives.

Il est indispensable de maintenir le principe de la spécialisation.

L'ouvrier qui est spécialisé dans un genre de travail arrive à posséder une connaissance parfaite de son métier.

De grands hommes de génie ont déclaré que la supériorité qu'on leur attribuait consistait uniquement à savoir étudier à fond le sujet qui les occupait, à s'y attacher étroitement, sans laisser détourner leur attention par tout ce qui les environnait.

Il en est ainsi pour l'ouvrier. La répétition même de ses actes lui permet d'y réfléchir constamment, de chercher les méthodes par lesquelles il pourra faire son travail plus facilement, plus rapidement et avec plus de perfection.

Il est intéressant de dresser et de comparer deux courbes établies à une échelle convenable et représentant l'une la rapidité d'exécution d'un travail nouveau fait en série, l'autre la perfection dans l'exécution atteinte au même moment.

Au début, on constate une période de tâtonnements, de mise au point pendant laquelle les deux courbes restent très bas. Si le travail a été bien préparé, cette partie des courbes doit se réduire à peu de chose.

Bientôt, les ouvriers commencent à connaître leur travail : les résultats sont plus brillants, la courbe de perfection s'élève assez vite. Elle précède toujours, dans le temps, la courbe de rapidité d'exécution qui la suit avec un léger décalage. Mais, une fois que le démarrage est complet, la première cesse de monter alors que la seconde s'élève avec une amplitude beaucoup plus grande. Cette amplitude, naturellement, ne se maintient pas indéfiniment, mais cette seconde courbe ne cesse jamais complètement de s'élever.

On peut déduire de l'étude de courbes de ce genre de précieuses indications concernant l'influence produite sur la production par les méthodes de travail par les machines, par les systèmes de rétribution.

Mais ce qui nous intéresse ici, c'est qu'on en déduit que, pour obtenir la rapidité et le bon marché, il faut d'abord chercher la perfection. Cette perfection ne peut être obtenue que grâce à la spécialisation.

C'est donc une erreur de vouloir aller vite avant d'être parvenu à faire parfaitement.

Il m'a parfaitement réussi de faire commencer une longue série par des ouvriers habiles, alors même que le travail dût ainsi revenir beaucoup trop cher au début.

Une fois la série mise en route, les tours de mains trouvés, les principales difficultés levées, le type fixé, des camarades moins habiles et moins rémunérés (Système Halsey) n'avaient plus qu'à imiter ce qui avait été fait, et ils y parvenaient très facilement.

Cette méthode m'a permis de faire exécuter des ouvrages délicats par des ouvriers qui avaient été toute leur vie occupés aux travaux des champs, à des terrassements, ou comme manœuvres dans des briqueteries.

Je connais des exemples de son emploi dans des usines de munitions et l'on a pu ainsi parvenir à faire exécuter rapidement des travaux difficiles par des femmes qui n'avaient fait aucun apprentissage préalable.

On a beaucoup médit de la spécialisation comme d'une méthode dégradante pour l'homme.

Un certain nombre de gens estiment qu'un changement de travail élève l'esprit et ils voudraient toujours faire autre chose que ce qu'ils ont à faire.

La spécialisation répugne aux esprits brouillons, vagabonds, mais ces esprits-là ne sont pas toujours les plus élevés.

Qui dit spécialisation dit que l'esprit doit continuer à travailler dans certaines limites bien définies, et non pas que l'esprit doive cesser tout effort.

Il est possible à l'homme de faire, dans sa sphère, pour aussi restreinte qu'elle soit, des recherches, des études aussi étendues que possible.

Il peut perfectionner son travail à l'infini, et même il ne peut approcher de la perfection qu'en se spécialisant.

On a souvent été surpris de ce qu'un homme qui a fait preuve d'autant d'envergure, d'élévation d'esprit et de profondeur philosophique que le célèbre entomologiste Henri Fabre, ait pu se plier à suivre pendant des années, minute par minute, la vie d'un insecte !

Ceux qui ne l'ont pas compris n'ont aucune notion de l'infiniment petit. Ce sont, justement, ces études très poussées dans un champ très restreint qui ont donné à Henri Fabre les vues philosophiques si profondes qui caractérisent ses ouvrages.

Le désir du nouveau, « le vagabondage intellectuel », comme l'appelle Hartness, est loin d'être à rechercher. C'est au contraire un défaut contre lequel nous devons nous efforcer sans cesse de lutter.

Limiter le champ de son activité ne veut pas dire limiter son activité, et il est possible, dans le champ le plus limité, de développer la plus grande activité.

Le vagabondage de l'esprit ne doit être permis qu'exceptionnellement et à titre de délassement.

Il pourra alors avoir sur l'esprit humain les meilleurs effets.

Il ne faudrait pas croire, d'ailleurs, que, parmi les ouvriers, comme parmi les employés de bureau et comme d'ailleurs parmi tous les hommes, on ressente, ainsi qu'on a bien voulu le dire, le besoin de faire toujours du nouveau.

En vérité, nous connaissons trop d'hommes, même intelligents, instruits, qui ont cherché avant tout une situation où leur esprit fût à l'abri de toute préoccupation, où les revenus pour aussi modestes qu'ils soient, puissent être fixes, l'avenir garanti.

Le développement exagéré qu'avait pris chez nous, avant la guerre, le fonctionnarisme, n'avait pas d'autre cause.

Il n'en est pas autrement chez les ouvriers, ils désirent ne pas se casser la tête à chercher des travaux nouveaux, avoir une journée garantie, leur vie et celle de leur famille assurée.

L'exemple personnel que nous avons cité tout à l'heure vient bien à l'appui de cette opinion.

Ce sentiment de la plupart des ouvriers a été fort bien constaté dans les ateliers de réparation des Parcs Automobiles aux Armées. Chez eux, la question du salaire n'existant pas, puisqu'ils étaient soldats, le facteur moral était le seul qui pût les inciter au travail.

Il faut le dire hautement, les résultats obtenus ont montré tout ce que l'on pouvait obtenir comme production en s'appuyant sur ce facteur. Nos ouvriers se sont toujours montrés très consciencieux, appliqués, dévoués ; beaucoup d'entre eux se sont attachés à étudier complètement le métier qu'ils avaient à faire, et l'on est surpris des progrès qu'ils ont faits au point de vue technique.

Au début de la guerre, l'organisation des Parcs était celle de la plupart des garages. Une équipe de quelques ouvriers entreprenait la réparation d'une voiture ou d'un camion, et la menait de bout en bout.

Mais peu à peu, et sur le désir même des ouvriers, on a été amené à faire de la spécialisation. Tels ouvriers mettaient tout leur art à faire des resserrages de coussinets impeccables, d'autres étaient spécialisés dans le réglage des carburateurs, d'autres réparaient les magnétos, d'autres faisaient les pièces de forge avec beaucoup de goût, etc.

On en arriva donc à organiser les ateliers des Parcs suivant les méthodes modernes, chaque pièce passant d'atelier en atelier, d'équipe en équipe ; les montages et démontages, les réglages et les essais se faisant en grande série. Et les ouvriers préféraient infiniment cela. Leur esprit travaillait moins, leurs préoccupations diminuaient.

Contrairement à l'opinion de ceux qui s'opposent à la spécialisation parce qu'elle est dégradante pour l'homme, on peut dire aussi qu'elle n'est pas adoptée dans un but d'abaissement, mais bien dans un but d'élévation de la valeur professionnelle.

Elle a comme résultat de faire passer compagnons des hommes qui seraient toute leur vie restés manœuvres. Grâce à elle ils ont pu faire un travail plus difficile et plus rémunéré.

Jamais la spécialisation n'a abaissé le moral des hommes ; ce qui manque ce ne sont pas les hommes capables de se spécialiser, ce sont les hommes que l'on peut ne pas spécialiser.

Les méthodes modernes, qui sont basées sur la spécialisation, demandent des hommes du métier capables de préparer, de surveiller, de contrôler le travail, en beaucoup plus grand nombre que les méthodes anciennes. Elles nécessitent des ouvriers de choix : outilleurs, metteurs au point, etc., qui doivent posséder des connaissances très générales en mécanique, ou en la technique de l'industrie à laquelle ils appartiennent. Ils doivent être capables de tirer parti de tout et de se débrouiller dans les circonstances les plus délicates.

Le recrutement en est pratiquement bien difficile. La demande dépasse de beaucoup l'offre, et il y a bien des places à prendre par ceux qui se sentent capables d'efforts et d'initiative.

Malheureusement notre industrie, comme notre société, compte encore beaucoup d'hommes à vue courte qui manquent d'énergie et qui ne peuvent que gagner à se spécialiser.

La division du travail

Les hommes devant être spécialisés, chacun dans la partie à laquelle il est le plus apte, le travail sera ainsi très naturellement réparti entre eux.

Personne n'exécutera le travail en entier, chacun en fera sa part et concourra au but commun.

C'est ce qu'on appelle la *division du travail.*

Ce terme est impropre, car division implique une dée de morcellement, d'éparpillement, et beaucoup d'industriels ont cru faire de la division du travail qui ne faisaient que disperser les énergies. Il semble qu'on dirait mieux : la répartition du travail.

Qu'il s'agisse d'un travail de direction ou d'un travail d'étude, d'un travail de construction ou d'un travail de vente, la somme de travail à fournir dans une industrie de quelque importance dépasse de beaucoup les limites de la puissance cérébrale et de la puissance physique d'un homme.

On est donc conduit à partager le travail en autant de parties que son importance le rend nécessaire, et on répartit ces parties entre des services ou des ateliers différents.

Mais il faut bien prendre garde à disposer ces services d'une manière judicieuse. Comme nous l'avons dit, tous doivent concourir au but commun, ils doivent tous dépendre, par une hiérarchie simple, de la direction.

Une représentation graphique de la répartition du travail devrait rappeler une carte hydrographique sur laquelle les ruisseaux et les rivières convergent vers un grand fleuve. Trop souvent, si l'on réussissait à représenter graphiquement l'organisation de bien des affaires, on établirait un dessin rappelant une carte de fleuves côtiers, en travaillant chacun pour leur compte. Bien souvent, encore, on réaliserait la figure d'un delta où les forces, après avoir été un moment concentrées, se divisent avant d'arriver au but, et s'éparpillent en un réseau de bras sans importance et sans puissance.

La division du travail ne peut être réalisée utilement que si elle est soumise à une très puissante centralisation, à une énergie dominatrice sous laquelle tout le monde se plie et vers laquelle tout converge.

La subdivision du travail est absolument nécessaire dans une industrie de quelque importance, et c'est « l'organisation qui réalisera la spécialisation la plus convenable qui deviendra la plus puissante (1) ».

· La limite de l'effort

On a établi en principe que c'est, au premier chef, la nécessité qui pousse l'homme au travail.

Dans les climats froids, rigoureux, humides, où l'homme a été de tout temps contraint à pourvoir péniblement à sa nourriture, à son abri, il s'est plié par atavisme à la loi du travail.

Dans les pays chauds, agréables, où il se nourrit de peu et trouve sans fatigue à subvenir à ses besoins, il ne travaille pas ; ou, s'il le fait, c'est parce que le désir de satisfaire ses plaisirs intervient à son tour pour l'y contraindre.

Il faut conclure de ces faits cette règle capitale que le travail productif implique une certaine peine (2) :

« Pourquoi le travail est-il pénible ? Quoique tout le monde le vante, il n'est pas facile de le dire, car le travail, en somme, n'est qu'une forme de l'activité humaine ; or l'activité n'a, en soi, rien de pénible : agir,

(1) Hartness (op. cit.).
(2) Ch. Gide. Cours d'économie politique.

c'est vivre; c'est au contraire l'inaction absolue qui est un supplice, et si atroce que, lorsqu'elle est trop prolongée, dans l'emprisonnement cellulaire, elle tue le patient et le rend fou ».

On connaît le conte anglai ''n philosophe rencontre sur sa route un paysan qui, tout tranquillement, plante des pommes de terre. Ce paysan se plaint à lui d'être contraint à ce travail. Quelques pas plus loin notre philosophe rencontre un joueur de golf, suant et soufflant, et il croit devoir lui adresser quelques mots de compassion pour être soumis à d'aussi pénibles efforts. Il est fort surpris d'entendre le joueur lui répondre que c'est pour son plaisir qu'il se fatigue ainsi.

Où finit le plaisir dans l'action ; où commence la peine ?

On peut, semble-t-il, dire que l'action est un plaisir tant qu'elle est consentie librement. Mais l'homme se fatigue de l'action prolongée et il cesse bientôt d'y consentir. La peine naît aussitôt.

Quoi de plus agréable que la marche à pied ou l'aviron ? et quoi de plus pénible que la marche forcée ou les galères ?

On voit combien il est nécessaire à un chef d'industrie de se préoccuper de l'état physiologique de ses ouvriers, de leur santé, des conditions physiques dans lesquelles ils travaillent, de leur sexe et de leur âge.

Il faut aussi qu'un chef sache se rendre compte du moment où ses hommes atteignent la limite de l'effort.

Je sais que beaucoup d'industriels déclareront qu'eux

du moins sont certains que leurs ouvriers sauront bien d'eux-mêmes ne pas atteindre la limite de leur effort.

C'est de leur part, ou bien une grosse erreur ou bien la preuve que leur organisation est défectueuse.

Sur ce point, leur intérêt doit être le' même que celui de leurs ouvriers : produire le plus possible tout en évitant le surmenage ; éviter la fatigue, car, dès qu'elle apparaîtra, le travail cessera d'être attrayant et le rendement baissera.

Il est inconcevable que des industriels, qui ont à organiser le travail des hommes comme ils ont à organiser celui de leurs machines, n'étudient pas la physiologie humaine comme ils étudient la mécanique.

La fatigue, l'entraînement, le surmenage physiologique ont été très étudiés pour l'armée à l'école de Joinville. Quelques études récentes ont également été faites sur ces sujets pour l'industrie et les industriels consulteront les unes et les autres avec un égal intérêt.

Qu'il nous suffise d'indiquer les travaux du Dr Ph. Tissié, de Demeny, de MM. Lahy, Amar, Imbert.

Il faut compter avec l'inertie

Il faut un réel effort pour faire démarrer une machine ou un véhicule et pour vaincre son *inertie*.

Il en faut un, également, pour modifier la direction de l'objet, une fois qu'il a été lancé, et pour vaincre sa *force vive*.

Et cet effort doit être beaucoup plus intense que

celui qui est nécessaire à entretenir la vitesse de l'objet dans un sens déterminé.

Il est indispensable, de même, de fournir un effort pour entreprendre un nouveau travail intellectuel et vaincre l'inertie de l'esprit ; un effort est aussi nécessaire pour changer la direction du travail (1) de l'esprit et modifier ses habitudes.

Ce parallèle se présente si naturellement à nous que l'on emploie couramment les mêmes qualificatifs pour un moteur et pour l'esprit. On dit de l'un comme de l'autre : il est puissant, il est faible ; il est nerveux, il est mou ; il est souple, il est brutal.

Les habitudes d'un homme constituent une vraie force vive, mais les habitudes d'une société ont une puissance bien plus grande encore que la somme des forces vives individuelles.

Il serait aussi dangereux de vouloir imposer brusquement des idées nouvelles à un groupement humain, que de mettre en charge, d'un seul coup, une machine en mouvement.

Un personnel doit se conduire avec ses habitudes. Tiré trop rapidement de ses habitudes, il hésite, il perd sa puissance, son rendement diminue.

Des ouvriers se sont mis en grève parce qu'on a voulu changer dans leur usine, et dans leur intérêt même, le système de salaires, l'organisation, ou introduire des machines-outils à grand débit. On a heurté leurs habitudes.

(1) « Travail » n'est pas pris ici dans son sens mécanique.

Si les innovations avaient été faites méthodiquement, tout se serait bien passé.

Si ces ouvriers avaient été habitués, dans d'autres usines, à ces nouvelles méthodes, ils se seraient mis en grève pour les réclamer dans leur usine actuelle !

Il faut engrener les idées nouvelles dans une société comme les gerbes de blé dans une machine à battre : doucement et progressivement. Une fois les premiers brins passés, les autres suivent sans la moindre résistance.

Il est utile de commencer par faire des sondages : gagner à ses idées quelques esprits forts en leur donnant les explications nécessaires ; on procédera ensuite à un essai qui *doit* être suivi de succès et qui doit être avantageux pour l'ouvrier.

Il est bon aussi d'expliquer dans des conférences comment on compte procéder et ce que l'on attend de la nouvelle méthode : M. W. Allingham, ingénieur aux usines de chaînes P. Renold, à Manchester, déclare (1) « qu'il a remarqué combien l'ouvrier est soupçonneux avec trop de raisons » et il ajoute : « Nous avons donc fait tous nos efforts pour prendre contact avec nos ouvriers et leur expliquer longuement, et dans le détail, nos intentions, avant d'entreprendre quelque changement que ce soit, susceptible de les toucher. Nous avons fait une série de conférences aux ouvriers du service des pignons, terminant alors le travail un

(1) M. H. W. Allingham. Communication faite au meeting annuel de l'American Society of automobile Engineers.

quart d'heure plus tôt que d'ordinaire et fournissant le thé gratis.....

« Nous sommes convaincus que le temps dépensé dans ces discussions, où chacun est traité comme un homme dont les opinions représentent une valeur, est loin d'être gaspillé et représente au contraire un temps aussi bien dépensé que le temps peut l'être. »

James Hartness s'est attaché tout particulièrement à mettre en lumière la valeur de l'inertie et de l'habitude dans son ouvrage : « Le facteur humain dans l'organisation du travail » (1).

Il pose ainsi des principes généraux :

« Il est possible d'introduire une nouvelle méthode dans la conduite des affaires ou dans la fabrication, mais, pour cela, il ne faut pas perdre de vue la force de l'habitude de pensée et d'action inhérente à tout mortel, car on retrouve ce même mortel dans la salle du Conseil et dans les différentes situations de l'usine » (p. 25). « La seule manière de faire faire le travail est de laisser l'ouvrier suivre ses habitudes » (p. 35). « La seule manière de réaliser le progrès d'une façon efficace consiste à s'arranger pour que les nouveaux procédés et les nouveaux moyens ne s'écartent que graduellement de ceux en usage ».

« L'homme de progrès qui dirige ainsi le travail est l'homme le plus utile qui soit au monde. Celui qui

____

(1) James Hartness, *ouv. cit.*

ignore le principe de l'inertie n'est qu'un perturbateur, qu'il soit un directeur, un fendeur de bûches ou un porteur d'eau. »

« L'homme qui fait réellement le travail en ce monde n'est pas le prétendu novateur. C'est celui qui fait connaître des méthodes nouvelles et meilleures qu'on puisse faire adopter en passant des vieilles habitudes aux nouvelles par des changements insensibles (p. 43-44). »

« Les contremaîtres et autres personnes appelées à diriger directement des ouvriers savent que le meilleur des hommes ne doit pas être invité à changer ses habitudes quand il est en plein effort. En fait, il ne faut pas essayer une nouvelle idée sur un homme qui est fatigué physiquement. Ce même homme, bien reposé de corps et d'esprit, sera peut-être alors ce qu'on appelle un homme de progrès » (p. 45).

Nous avions exposé ce principe en étudiant l'effet de la fatigue sur le chef ; nous voyons qu'il s'applique, d'une manière plus importante encore, sur le personnel.

L'emploi des femmes dans les ateliers.

Il est bien entendu que tout ce qui a été dit, au cours de cette étude, sur les hommes, sur les ouvriers, s'applique également aux femmes, aux ouvrières.

Le nombre des femmes travaillant dans l'industrie s'est accru dans une très large proportion au cours des dernières années, et surtout depuis la guerre (1).

On en est arrivé à poser le principe que, partout où une femme peut être employée, elle doit l'être, et qu'il faut réserver pour les hommes les travaux que, seuls, ils sont susceptibles de faire.

On a beaucoup écrit sur la situation des femmes dans l'industrie. Il y a encore beaucoup à dire, et surtout beaucoup à faire.

Qu'il nous suffise ici de déclarer que si la jeune fille, libre de son temps, peut être, très avantageusement pour la société, employée dans l'industrie, la place de la femme mariée, de la mère de famille, est à la maison.

C'est la présence de la femme à la maison qui constitue le foyer, reconnu indispensable pour assurer la continuation de l'espèce.

La maison, a-t-on dit souvent, est la pierre angulaire de la société. Il est nécessaire de conserver la maison et de faire tout ce qui sera possible pour l'assainir moralement et matériellement.

Pour avoir de bons ouvriers, sérieux, travailleurs, pour avoir de bons apprentis capables de devenir eux-mêmes de bons ouvriers, pour assurer l'avenir de la nation aussi bien au point de vue industriel qu'aux autres points de vue, la place de la femme mariée est à la maison.

(1) En Angleterre on signalait une usine (Royal Arsenal de Woolwich), occupant 20.000 femmes, une quinzaine en occupant de 1.000 à 10.000 (Rapport de mission des Médecins majors Loisel et Klotz, édité par A. Citroen, 1917).

Et pour être réellement le foyer, la maison, ainsi que l'exige Ford pour ses ouvriers, doit être agréable, bien tenue et ne comprendre ni « logeurs » ni pensionnaires.

Il ne manque pas d'occupations auxquelles une femme pourra se livrer chez elle tout en faisant son ménage. En première ligne, la meilleure façon dont elle pourra gagner de l'argent sera d'en économiser.

Dans une société bien ordonnée, le père de famille doit être suffisamment payé pour subvenir aux besoins de sa femme et de ses enfants. C'est là un des principes de l'autorité du père de famille, nécessaire à la famille et à la civilisation.

On a dit et répété que la femme doit faire un travail qui respecte la maternité. Mais, dans notre société où la maternité est déjà si rare, peut-elle être vraiment respectée si elle s'accompagne, outre les charges naturelles et inévitables, de la suppression du salaire de la mère ?

Dans les familles d'ouvriers où chacun, père, mère, enfants, gagne sa vie, chacun s'habitue à considérer ce qu'il gagne comme lui appartenant en propre. Il n'y a plus de ménage ; chacun mange où il peut ; il n'y a plus de famille. Si cela se généralisait, il n'y aurait bientôt plus de société.

Il se crée heureusement, dans la société, des courants qui correspondent aux besoins, et qui tendent à la conservation de l'espèce. Il faut compter qu'il naîtra bientôt un courant soit d'origine sociale, soit d'origine économique, qui ramènera chacun à la place qu'il doit occuper rationnellement. L'Etat pourrait être pour quelque chose dans la création de ce courant; les industriels doivent s'efforcer d'agir de leur côté. Ils doivent être très prudents dans l'utilisation de l'état de choses actuel et ne pas se laisser entraîner par l'appât du lucre à agir contrairement à leur devoir.

Les femmes ont la réputation d'être difficiles à diriger.

Il est exact qu'elles ne doivent pas être conduites de la même manière que les hommes. On agit sur elles bien plus facilement, mais elles demandent, pour aussi paradoxal que cela paraisse, plus de surveillance et plus de rigueur.

Pour ces raisons, il est très difficile à un homme de conduire les femmes ; à chaque instant, ce sont des pleurs, des accès de désespoir ou de jalousie qui sont très pénibles pour un homme. Il est en général préférable que les ouvrières soient en rapports directs avec un chef qui soit lui-même une femme. Une femme à qui est donnée une situation de chef devient vite très autoritaire et sait mener énergiquement son personnel.

Mais les femmes agissent surtout par impulsion, par impression. Des services dirigés par des femmes doivent être concentrés par deux ou trois au plus entre les mains d'un homme dont le rôle est surtout de régulariser l'intensité de ces impressions.

Est-il besoin de recommander au chef qui dirige des femmes son devoir d'éviter toute familiarité et d'agir sans cesse avec la plus extrême prudence ?. Qu'il se garde bien de donner prise à la médisance, qui se produira avec la plus grande facilité ; et plus encore, de se laisser prendre aux attraits de son personnel féminin ! Son prestige comme chef serait vite et irrémédiablement perdu.

Il est nécessaire de surveiller ses sous-ordres à cet égard, et de n'admettre aucun manquement.

Un manque de surveillance est vite suivi d'injustices, de passe-droits, de jalousies, incompatibles avec l'équilibre moral du personnel et la bonne exécution du travail.

Le travail des enfants. L'apprentissage.

On devrait poser en principe que le travail des enfants a pour but, non d'obtenir un rendement immédiat, mais de les préparer à donner un bon rendement quand ils auront atteint l'âge d'hommes.

Il est excellent d'avoir, dans l'industrie, des gamins qui entrent dans les usines dès la fin de leurs études primaires et qui y rendent de multiples services, tout en s'instruisant dans les éléments de leur futur métier.

Le devoir d'un chef est de bien connaître ceux d'entre eux qu'il a sous ses ordres, et, s'ils sont bien doués, de les diriger pour leur apprentissage vers la branche dans laquelle ils seront à même de mettre le plus en œuvre leurs qualités et de se faire une situation.

L'apprentissage tel qu'il existait autrefois a à peu près disparu de la grande industrie. Les parents, en raison d'un état social qui s'aggrave chaque jour, ne pensent plus, en général, qu'au gain quotidien, à la jouissance immédiate.

Dès que leur enfant a atteint l'âge d'entrer à l'usine, ils spéculent sur les quelques sous qu'il pourra leur rapporter chaque jour, et ils exigent qu'il prenne de suite un emploi où il soit payé.

Les malheureux ne voient pas que, si leur enfant gagne quelque argent dès maintenant, il est voué, s'il n'a pas fait d'apprentissage, à la vie et aux salaires d'un manœuvre. Comment pourront-ils lui demander un appui pour leurs vieux jours, s'ils ne l'ont pas mis à même de gagner de quoi faire vivre convenablement sa femme et ses enfants ?

Certains industriels eux-mêmes ont cru pouvoir dire que la réduction de l'apprentissage n'était pas un mal, et poser en principe qu'il vaut mieux perfectionner les machines et payer moins les ouvriers.

Ils font preuve d'un manque absolu de psychologie.

L'apprentissage n'a pas pour seul résultat de produire des ouvriers capables de faire avantageusement un travail qui ne peut être fait par des machines.

L'apprentissage comme toute instruction et toute éducation va bien plus loin. Tout en permettant à l'ouvrier de gagner beaucoup plus d'argent, il élève son moral et son intelligence.

Quand un homme a une connaissance approfondie de son métier, il fait corps avec lui, il s'y intéresse passionnément, il s'applique à en suivre le dévelop-

pement et les modifications, espérant de ce développement un effet heureux sur lui-même ; il prend l'esprit de la maison, il se fait des amis et acquiert des
relations utiles parmi ceux qui exercent la même profession.

L'exercice de ce métier qu'il aime où il sait qu'il
excelle, et sur lequel il peut compter pour assurer son
avenir, devient pour lui un art et lui procure de la satisfaction et du bonheur.

Nous l'avons déjà fait remarquer, et nous le ferons
remarquer encore, si l'argent est un puissant levier,
le facteur moral est un levier bien plus puissant encore.

L'apprentissage, en augmentant la puissance du
facteur moral, doit contribuer, dans une large mesure,
à améliorer la situation morale, tout autant que la
situation matérielle de la société ouvrière, et assurer
ainsi le maintien de la paix sociale.

Il s'est ouvert, ces dernières années, un certain
nombre d'écoles d'apprentis.

L'Etat en a organisé quelques-unes qui peuvent
donner de bons résultats si elles sont bien menées ;
les industriels eux-mêmes doivent en établir dans leurs
usines, et elles seront excellentes car elles leur per-
mettront de diriger chaque enfant dans l'affaire même
au mieux de ses aptitudes.

L'étude du fonctionnement de ces écoles, du recrutement des élèves et des professeurs, de la progression
des cours théoriques et pratiques, des salaires à payer
aux élèves pendant leur apprentissage comme aussi

des primes à promettre à leurs parents pour qu'ils permettent à leurs enfants de suivre les cours jusqu'au bout, etc., demanderaient un long développement.

Tous ces éléments sont d'ailleurs sujets à de grandes variations suivant le genre d'industrie, les conditions locales, les écoles existant déjà dans le voisinage, et il appartient à ceux qui veulent en établir de nouvelles, d'en étudier l'organisation en tenant compte à la fois du but spécial qu'ils se proposent et de ce qui a été réalisé dans des industries similaires.

Bien souvent, il serait intéressant, ainsi que nous en avons exprimé le vœu pour les recherches techniques, que plusieurs industries du même genre se groupent pour fonder des écoles dans lesquelles elles pourraient recruter leur personnel.

Souvent aussi, les constructeurs et les fournisseurs de matériel industriel auraient intérêt à former eux-mêmes de bons apprentis qui pourraient rendre les plus grands services à leurs clients.

Qu'il nous soit permis, dans tous les cas, d'insister encore sur le devoir des chefs d'industrie de pousser dans toute la mesure possible les jeunes gens qu'ils jugent capables de réussir.

Les dépenses engagées dans cette œuvre leur seront payées largement par les services que rendront un jour à leur affaire ceux à qui ils auront donné les moyens de s'élever.

CHAPITRE VII

L'OUVRIER DANS LA SOCIÉTÉ LA VALEUR DU MORAL CHEZ LES TRAVAILLEURS

Tout le monde peut arriver

Nous avons fait ressortir, au début de cette étude, comment la tendance générale à la concentration qui s'accroît chaque jour a amené une modification sensible dans la vie des ouvriers et leur a donné des caractères distinctifs assez accusés.

C'est vers le milieu du siècle dernier que ces caractères se sont particulièrement accentués. Mais si la cause première de cette modification a été la concentration de l'industrie, la cause immédiate en a certainement été l'abandon moral complet des ouvriers par leurs chefs.

Dans l'enquête parlementaire de 1872 sur la condition du travail, on relève les marques évidentes de cette modification et de ses causes.

« Autrefois, disait un ouvrier, nous étions une vingtaine chez le père X.. fondeur. On se connaissait tous, le soir on soupait à la chandelle chez le patron. Aujourd'hui nous sommes quatre cents : on embauche au hasard... Vous nous avez relégués aux extrémités de Paris. Autrefois il y avait des rapports de politesse et au besoin de secours ou d'assistance entre l'ouvrier du quatrième étage et le bourgeois du premier. Il y avait le bon exemple donné par la mère de famille du second à celle du quatrième... (1) »

Un autre ouvrier déclare : « Ce ne sont plus les mêmes hommes, ce sont d'autres mœurs, une autre tenue, presque une autre race. Matériellement la condition a changé; moralement, elle a changé plus profondément encore..... Quand les déceptions arrivent, on s'en prend au patron, au gouvernement ».

Cet éloignement de leurs patrons a fait sentir aux ouvriers ce que leur situation avait de particulier ; cet abandon, dont ils ont été l'objet de la part de leurs chefs naturels, les a remplis d'inquiétude et leur a fait paraître leur tâche encore plus lourde et plus pénible.

De cet éloignement et de cet abandon est né ce que l'on a appelé la classe ouvrière.

Cette appellation de classe n'est d'ailleurs pas tout à fait exacte. Elle semble indiquer une solution de continuité, une barrière ou un fossé infranchissables entre les ouvriers et le reste de la société.

Or il suffit de pénétrer dans les milieux ouvriers pour saisir combien ces caractères distinctifs qui seuls apparaissent au premier abord ont peu d'importance auprès

____

(1) Cité par Ch. Benoist dans l'*Organisation du Travail*, 2 vol. (Plon-Nourrit),

de la distance qui, chez eux comme partout, sépare les caractères, les intelligences, les aptitudes, et même les degrés d'instruction et d'éducation.

Le milieu des ouvriers rappelle celui du collège, celui du régiment, celui des cercles, celui de toute les sociétés. Tous ceux qui ont été appelés à fréquenter les ouvriers et à vivre de leur vie se sont fait parmi certains d'entre eux, selon leur caractère, de bonnes et durables amitiés.

« Il est curieux, dit Ford, combien un homme instruit qui fréquente les ouvriers est frappé du nombre et de l'importance des leçons qu'il peut recevoir de ces hommes qui, la plupart, n'ont jamais franchi la porte d'un collège. »

Dans le même esprit, Taylor nous fait connaître l'influence qu'a eue sur lui l'ouvrier sous les ordres duquel il a été placé lors de ses débuts à la Midvale Steel C°. Cet homme lui fit « rapidement comprendre que, dans toutes les classes de la société, il y a des hommes et des femmes d'une intelligence et d'un caractère supérieurs ».

On en rencontre partout de semblables, et le devoir d'un chef est de les distinguer et de les utiliser.

Il ne faut pas oublier que si, à l'usine, l'homme peut n'être qu'une unité, un rouage plus ou moins important, il a en dehors de l'usine une vie qui lui est propre. Tel ouvrier tourneur est l'un des conseillers municipaux les plus sérieux et les plus heureusement influents de sa commune, tel autre est président ou membre actif d'une importante Société de secours mutuels, un troisième fait chez lui des études quelquefois poussées assez loin, un autre est président ou instructeur d'une Société de préparation militaire, etc. Ils sont nombreux ceux qui occupent ainsi des situations qui les mettent parfois à même d'avoir une influence sociale très étendue.

Enfin, et surtout, la plupart ont la responsabilité matérielle et morale d'une famille ; ils ont la charge de diriger leur ménage et d'élever leurs enfants.

Beaucoup comprennent admirablement leur devoir ; ils acceptent un travail pénible, ils se tuent à la peine pour payer les mois d'école, ou même les inscriptions d'un fils qui leur fera honneur en devenant suivant sa vocation, ingénieur, avocat ou médecin.

Ils auront ainsi montré une fois de plus que la barrière qui sépare les classes est très fragile, et qu'elle ne résiste pas à un effort énergique et continu.

Écoutons ce que nous dit M. Walter Berry de ce qui se passe en Amérique (1) :

« Chez nous, le grand mot, c'est « to succeed » parvenir, arriver. Tout ouvrier espère parvenir, arriver. Il sait qu'il a, dans la poche de son bourgeron, le sceptre du roi de l'acier, ou du pétrole, ou des chemins de fer.

« Il n'éprouve point d'envie pour les millionnaires ou les milliardaires. Il connaît leur histoire, sait qu'ils sont « arrivés » par la seule vertu du travail et de l'ini-

____

(1) Gaston Riom. Notes Psychologiques sur l'Amérique (L'Automobile aux Armées, art. 17).

tiative. Il se dit : « Moi aussi, j'arriverai. » Il constate que, dans le Steel-Trust, par exemple, tout l'état-major a été ouvrier. Dans ces conditions, comment songe-rait-il à la lutte des classes, cette doctrine de désespoir anti-économique mortelle pour l'industrie de la nation qui la pratique. »

Il en est, en France, comme en Amérique. La classe ouvrière, pas plus que la classe dirigeante, n'est une caste.

L'ouvrier qui veut s'en donner sérieusement la peine peut, s'il a une intelligence et une instruction moyennes et s'il a de l'ordre, s'élever à tous les degrés de la hiérar-chie du monde des affaires.

Les exemples des ouvriers, des petits employés qui sont « arrivés » ne manquent pas chez nous. Leur liste contiendrait une bonne partie du haut commerce et de la grande industrie.

Il y a peu d'exemples qu'un homme ait abordé fran-chement, résolument, la lutte sans avoir réussi. Trop souvent, le jeune homme qui se sent capable d'arriver est arrêté dans sa progression par la jalousie de son entourage. On le traite d'arriviste, de faux frère, on le qualifie de prétentieux. Trop souvent aussi il n'est pas suffisamment poussé par ses chefs qui ignorent com-bien leur intérêt est conforme à celui de leurs hommes, et qui ne sont pas en état de comprendre la nécessité absolue d'élever tous ceux qui possèdent de l'initiative, de l'activité, de l'ordre et de l'intelligence.

Ces esprits supérieurs, à qui la faculté n'est pas laissée

d'employer leur activité aux choses utiles, deviennent souvent des insubordonnés, des révoltés.

Quand on constate qu'ils ont su prendre de l'influence sur leurs camarades, il est bon de les étudier de près et d'examiner leurs qualités.

Ils sont, en général, énergiques et actifs ; le plus souvent intelligents. Certains d'entre eux possèdent de réelles qualités de commandement. S'ils ont de l'ordre et s'ils mènent une vie à peu près régulière, il ne faut pas hésiter à les mettre à l'essai dans un emploi où ils pourront être appelés à faire usage de leur autorité.

On parviendra souvent aussi à leur apprendre à user de leurs facultés « in a constructive way not in a destructive one ». Ils auront vite pris de l'autorité sur leurs camarades, et de ces agents de désordre, on se sera fait de précieux collaborateurs.

Il faut donner à l'homme qui le mérite le moyen de s'élever ; donner à celui qui est susceptible de le mériter les moyens d'y parvenir, et ne jamais arrêter de parti-pris la carrière d'un homme qui se croit, à tort ou à raison, apte à s'élever.

Sans aller jusqu'à déclarer que la classe ouvrière n'existe réellement pas, qu'elle n'est qu'un mythe (1),

(1) Dans sa puissante étude sur l'Organisation du travail, M. Charles Benoist intitule l'un de ses chapitres les plus importants : Le mythe de la classe ouvrière. Mais il a bien soin de faire remarquer qu'il faut entendre le mot « mythe » non pas dans le sens d'une chose qui n'existe pas, mais dans son sens tout particulier d'un personnage surnaturel, intangible. (Cf. Benoist, L'Organisation du travail, *op. cit.*).

il faut « déplorer cette tendance funeste des ouvriers à se former en classe distincte et hostile, tendance qu'encourage parfois la bienveillante sentimentalité mal dirigée des autres classes et qu'encouragent surtout ceux qui ont intérêt à faire le jeu de nos concurrents, de nos ennemis. »

« Pourquoi, disait Léon Pléc, dans *Le Siècle*, parquer ainsi les ouvriers ? Est-ce que nous ne sommes pas tous citoyens au même titre ? Est-ce que nous ne vivons pas sous le suffrage universel ? (1) ».

Il importe, pour le développement économique du pays et pour sa paix sociale que chaque ouvrier soit persuadé qu'il peut et qu'il doit arriver, non en renversant les autres, non par de vaines luttes sociales, mais par la féconde vertu du travail et de l'initiative.

Le dilemme de la question ouvrière

Malheureusement, les efforts de ceux qui se sont occupés, depuis un siècle, d'améliorer le sort des travailleurs, ont plutôt tendu à établir entre eux et la société la barrière infranchissable, qu'à faciliter le libre jeu de leur activité, de leurs qualités et de leur travail

Dans leur ouvrage « Un autre esprit » (2), MM. Motti et Fourmond, étudiant les principaux agents de la lutte des classes, les ramènent à ceux-ci : Les mauvais patrons. Les mauvais ouvriers. Les politiciens sans scru-

(1) Ch. Benoist (*op. cit.*).
(2) H. L. Motti et Em. A. Fourmond. Un autre esprit. *Société d'études économiques et sociales.*

pule. Les théoriciens utopistes. Les meneurs pseudo-syndicalistes. Les « bistros ».

D'une part les dirigeants syndicalistes ont cherché à grouper les efforts de tous les ouvriers, à discipliner leur masse, à l'organiser afin de rendre leur action plus pu ssante et de donner plus de poids à leurs revendications. De tels groupements sont susceptibles de donner les plus heureux résultats si ceux qui les dirigent se rendent bien compte que l'amélioration du sort des travailleurs doit provenir en grande partie du développement des affaires auxquelles ils sont rattachés.

D'autre part, malheureusement, il y a des théoriciens utopistes qui ne connaissent pas les réelles conditions du travail, qui n'ont jamais mis les pieds dans un atelier ou dans un bureau de direction, qui se paient de mots et qui, néanmoins, tranchant dans le vif, imposent des méthodes qui naissent de leur imagination vagabonde et qui « sont dangereux pour la nation, pour la société, pour ce peuple auquel ils les présentent comme la panacée universelle capable de remédier à tous ses maux (1) ».

En outre, une foule de parasites, politiciens sans scrupules, cherchent à amener la perturbation dans le monde économique pour pêcher en eau trouble et pour tirer parti des querelles qu'ils auront suscitées.

« D'autres, enfin, après avoir essayé d'arriver pár

---

(1) Motti et Fourmond (*op. cit.*).

tous les moyens, hormis le travail, se trouvant défi-
nitivement déclassés, cherchent à apaiser leur rancune
contre la société en semant la haine et espèrent se ven-
ger de leurs déconvenues en poussant à la lutte des
classes.

« Ils sèment le dégoût du travail et l'aspiration
vers la fainéantise ».

Ils cherchent, par tous les moyens, à saper les fon-
dements de la société, et le moyen le plus sûr est de
détruire *l'autorité*.

Ils se sont donc attaqués à l'autorité partout où
elle se trouve : dans la famille, dans l'armée, dans l'industrie, et pour parvenir à leur but ils utilisent le plus
bas des sentiments : *la jalousie.*

Il y a donc un grand différend qui semble théorique-
ment mettre en opposition les patrons et les ouvriers.

C'est ce que l'on appelle la question ouvrière.

Cette opposition n'existe pas chez l'artisan qui est
à la fois patron et ouvrier ; on ne la trouve pas non
plus chez certains petits industriels, ni dans certaines
professions dans lesquelles chacun est rétribué exactement au prorata de sa production.

Elle se manifeste au plus haut degré dans la grande
industrie, surtout quand cette industrie est concentrée
entre les mains d'une oligarchie ou d'un seul patron.

La question ouvrière a été posée sous la forme d'un
dilemme de la manière suivante :

« D'une part, des capitalistes, des patrons, des directeurs d'entreprises cherchent, en rémunération de

leurs prêts, de leurs risques, de leur activité intellectuelle, à obtenir le plus de travail possible au meilleur
compte.

« D'autre part, des ouvriers cherchent à gagner les
salaires les plus élevés avec le minimum de peine ».

Cette question est aussi vieille que le monde ; l'apo-
logue « les membres et l'estomac » remonte aux premières années de la République romaine.

Elle a été souvent déclarée insoluble, on s'est con-
tenté de l'expliquer. Ne pouvant l'établir en droit,
on l'a établie en fait. Aucune des nombreuses solutions
proposées depuis n'a été entièrement satisfaisante.

Il est à noter que cette question qui est essentiellement une question industrielle a trop souvent été
envisagée d'un point de vue uniquement philosophique
et social.

Posée ainsi qu'elle l'est d'habitude, elle n'est ni
exacte ni complète.

Elle n'est pas exacte parce qu'elle indique chez ses
auteurs une méconnaissance profonde des principes
industriels. On devrait dire : « Le patron cherche à
obtenir le plus de rendement possible au plus faible
prix de revient ; les ouvriers cherchent, tout en travaillant le plus agréablement, à vivre avec le plus de
confort, à assurer l'éducation de leurs enfants et la
sécurité de leurs vieux jours. »

Quand ces conditions pourront être obtenues de l'ouvrier, il se déclarera heureux. On conviendra facile-
lement que c'est parce qu'il croit trouver toutes ces

conditions réunies dans les emplois officiels, que le monde ouvrier recherche tant les places qui y sont offertes.

La question n'est pas complète parce que le salaire n'est pas la seule chose que l'ouvrier recherche dans le travail. Il ne s'en rend peut-être pas bien compte, mais il sent confusément que l'argent n'est pas la fin de tout ; qu'il y a d'autres choses moins faciles à compter, à mesurer, mais qui n'en existent pas moins : ce sont des questions d'ordre personnel, d'ordre moral et d'ordre social qui, dès que la vie quotidienne est assurée, prennent beaucoup plus d'importance que les questions pécuniaires.

Les catégories sociales se connaissent mal ; elles se jalousent ou se méprisent injustement ; elles se supposent les unes aux autres une mentalité entièrement différente de la leur, alors que, réellement, dans le même pays, il y a bien peu de différence entre les mentalités de deux sociétés, fussent-elles aux deux extrémités de la hiérarchie sociale.

Chacun aurait beaucoup à apprendre au contact d'une société dont il n'a ni les habitudes ni les usages.

La question ouvrière étant une question industrielle, c'est aux industriels qu'incombe le devoir de consacrer tous leurs efforts à l'atténuation de ce différend. Nous allons montrer qu'ils peuvent y parvenir s'ils y consacrent tous leurs efforts.

Le directeur d'industrie, le patron, est de par ses fonctions en relations constantes avec ses ouvriers.

Et par le terme générique de patron, on doit entendre tous ceux qui représentent son autorité : chefs de services, chefs d'ateliers, contremaîtres, etc.

Le patron doit s'occuper constamment du moral de ses hommes, les considérer non comme un troupeau dont il tire profit, mais comme une réunion de collaborateurs, de véritables associés.

Il doit pour cela se pénétrer du principe social ou religieux que ces hommes sont ses frères et que s'ils ont des devoirs vis-à-vis de lui, il a lui-même des devoirs impérieux vis-à-vis d'eux.

Il doit s'efforcer par son organisation, par ses méthodes de salaires, par les conditions de la vie, de rendre leurs intérêts conformes aux siens.

Il doit leur montrer la nécessité de marcher dans le même sens que lui, et pour cela, comme l'officier qui part à l'assaut, il ne doit pas dire à ses hommes : « Marchez devant moi », mais bien « suivez-moi ».

Trop longtemps l'usine, comme du reste, la caserne et le collège, ont été de vraies prisons.

Tout ce qui est incommode, disgracieux, désagréable, peu confortable, aussi bien au point de vue matériel qu'au point de vue moral, semblait y avoir été réuni par un plaisir malsain !

L'homme ne travaille avec plaisir que dans un milieu qui lui plaît. Cela paraît trop évident pour être dit : Comment demander de travailler de bon cœur à des gens qui vivent dans un milieu qui leur est odieux ?

Nous avons tous connu de ces collèges noirs à étages

multiples, avec des cours minuscules, entourées de murs immenses, au-dessus desquelles pointaient seules quelques cheminées des immeubles voisins. La vie s'y traînait lamentablement, de dortoirs glacials en hiver, torrides en été, en des études sombres, de réfectoires malodorants en des cours humides et noires.

Aussi quel sentiment d'horreur accompagnait la fin des vacances pour ceux qui devaient aller s'emmurer dans ces prisons ! Leur terreur n'avait d'égale que leur envie pour les petits paysans de leur âge qui continuaient toute l'année à jouir du grand air et de la liberté, leur surprise de voir d'autres enfants rentrer gaîment dans leur collège où ils savaient devoir retrouver l'air, l'espace et la lumière, où une certaine latitude physique leur serait laissée, où ils joueraient autant qu'ils le voudraient à leurs jeux favoris.

Les enfants ne se rendent pas compte des motifs de leurs impressions ; ces impressions n'en sont pas moins nettes.

Il en est exactement de même des ouvriers.

Il faut, pour qu'ils se trouvent bien dans leur usine et leur atelier, qu'ils s'y sentent chez eux. Il faut qu'ils les aiment comme l'homme aime sa maison, le paysan sa terre.

On doit substituer aux usines-prisons des ateliers gais, propres, agréables où les ouvriers trouvent les commodités de la vie. Ils doivent y avoir leurs distractions.

Tous les moyens possibles seront mis en œuvre pour

leur donner l'impression du bien-être. On devra les inciter à des groupements amicaux ou sportifs, les convier à des conférences, à des distractions, à des représentations cinématographiques ou autres dans lesquelles on ne perdra jamais de vue le but d'élévation morale, leur donner des vestiaires, des cantines, des économats, des logements, des jardins, des garderies d'enfants, des bibliothèques.

On devra aussi beaucoup s'occuper de l'ouvrier hors de l'usine ; lui faciliter les économies, les placements de ces économies, dans l'affaire elle-même autant que possible, même au prix d'un supplément d'intérêt.

Tout cela sera accepté très volontiers par les ouvriers s'ils ont l'assurance que tant qu'ils resteront de bons ouvriers ils ne courront aucun risque matériel et leur vie ainsi que celle de leur famille sera assurée. De plus, pour être acceptées sans arrière pensée, ces œuvres devront, pour employer les termes des sociologues américains, être imprégnées d'un esprit de « fraternalisme » et dégagées de tout esprit de « paternalisme ». Les ouvriers ont actuellement une grande tendance à se réclamer de leurs droits de citoyen pour protester contre toute ingérence de leurs patrons dans leur vie privée, même quand cette ingérence est dans leur propre intérêt. Ils croient trop que ces bienfaits n'ont d'autre but que de les pressurer davantage.

Le chef d'industrie doit donc agir avec tact et avec prudence. Il doit penser qu'il a charge d'âmes et étudier la répercussion que chacun de ses actes pourra avoir sur l'esprit de son personnel. Il doit, avant d'agir, connaître et suivre la situation de chacun ; s'il ne peut le faire lui-même, il doit organiser des services chargés de le faire.

M. William H. Tolman, directeur du Musée Américain de sécurité, nous fait connaître en détails dans une importante étude (1) tout ce qui a été fait en Amérique dans cette voie. Il passe en revue un grand nombre d'industries, de grands magasins, et décrit toutes les œuvres qui y ont été consacrées à l'amélioration de la vie des travailleurs.

On s'est attaché partout à accroître le confort et l'hygiène, à donner aux ouvriers les moyens de pourvoir dans de bonnes conditions à leur logement et à leur sécurité en cas de maladie ou lors de la vieillesse. On a cherché à substituer aux anciens systèmes anti-sociaux de salaires des méthodes nouvelles de rémunération du travail qui, tout en garantissant aux ouvriers leur vie quotidienne, les intéressent aux bénéfices ou mieux à la production.

Des écoles ont été ouvertes pour permettre aux enfants de développer toutes leurs facultés intellectuelles et professionnelles et pour que les ouvriers eux-mêmes puissent s'élever moralement et accroître leurs connaissances dans leurs métiers. Des publications, revues et journaux ont été édités par les entre-

(1) L'œuvre de l'ingénieur social par W. H. Tolman directeur de *l'American Museum of safety Devices* Traduction Pierre Janelle;

prises industrielles pour se tenir en liaison avec leur personnel. On a créé des clubs ouvriers, des salles de récréation, des sociétés sportives, des villégiatures pour les enfants ou pour les ouvriers fatigués.

Mais surtout, on a tâché de renverser la barrière qui séparait les ouvriers des patrons. On a multiplié les relations de société entre les travailleurs et leurs employeurs.

Les patrons qui étaient trop absorbés par leur travail et qui ne se sentaient pas capables d'assumer cette tâche se sont fait suppléer par un service nouveau : le service social, le secrétaire social.

L'idée en est née en France ; comme tant d'autres nous n'avons pas su l'appliquer et nous en faisons la découverte, maintenant qu'elle nous arrive d'Outre-Océan.

M. Tolman nous dit très loyalement : « J'ai importé l'idée du secrétaire social en Amérique en 1900 à la suite de mes études à la section d'Economie sociale de l'Exposition universelle de Paris. L'idée en elle-même est née en France où elle a été mise au point par M. Cheysson, de Paris, et Van Marken, de Delft ; mais il faut reconnaître à notre pays l'honneur de l'avoir réalisée ».

Il définit ainsi dans l'ensemble le rôle de secrétaire social : « Améliorer les conditions de la vie et du travail de chaque individu non seulement à l'usine, à l'atelier où il passe la plus grande partie de chaque journée de travail, mais chez lui et dans toutes les circonstances où il se rencontre avec ses semblables. Le secrétaire doit, avant tout, agir avec sympathie, avec une patience et un tact infinis. Il devra non seulement proposer et soutenir tout ce qui peut améliorer la situation du travailleur, mais aussi s'opposer à tout ce qui, par le manque de soin, ou l'indifférence des ouvriers, cause du tort à l'affaire ».

En Angleterre, de sérieux efforts ont été faits pour améliorer le sort des ouvriers et en particulier celui des femmes.

MM. les médecins-majors Loisel et Klotz nous ont fait connaître dans un rapport de mission publié par M. André Citroën (1), à la suite d'une enquête qui porte sur 25 usines dont certaines comptent jusqu'à 100.000 ouvriers, comment on a apporté des améliorations aux conditions de l'embauchage, à la vie dans l'atelier, à la nourriture, aux logements et aux transports, à l'hygiène, au service médical, etc.

Ils insistent particulièrement sur l'œuvre du « Welfare » ou encore du « Social and Welfare Work » dont l'organisation répond au même but que celle du secrétaire social. En de nombreux cas, les agents chargés de ce service sont des femmes qui apportent ainsi à l'œuvre commune un précieux concours.

Nous connaissons bien, en France, l'œuvre du Y. M. C. A. (2), qui est venue, jusqu'aux premières

(1) Les ouvriers et ouvrières des Usines de guerre en Angleterre (op. cit.).

(2) Young Men Christian Association.

lignes de notre front, travailler à l'amélioration de la situation matérielle et morale de nos soldats, et qui a rendu aux armées les plus grands services, ainsi qu'elle en rendait, en temps de paix, dans les usines et dans les agglomérations industrielles.

Chez nous, le besoin s'en faisant peut-être moins sentir, nous sommes restés en arrière dans le développement de nos œuvres socio-industrielles.

Néanmoins, un grand mouvement se dessine en leur faveur.

Bien des industriels travaillent activement dans ce sens. Un certain nombre de revues ont été créées pour contribuer à l'élévation morale et professionnelle des travailleurs. Certaines d'entre elles, comme l'*Effort*, organe d'une grande firme lyonnaise de construction d'automobiles, les usines Berliet, ne peuvent que produire d'excellents effets.

Tout cela représente de l'argent, et surtout beaucoup de peine, mais il est du devoir des patrons, des directeurs, d'agir dans cette voie.

Ils seront conduits à ce devoir par des sentiments de justice, de charité, de philanthropie, mais ils verront vite que, là comme presque toujours dans les questions ouvrières, leur devoir marche de pair avec leur intérêt.

Leur argent, la peine qu'ils auront prise pour élever le moral de leur personnel n'auront pas, là non plus, été dépensés en pure perte.

Il naît également une tendance à rendre aux ouvriers ce qui leur appartient, à leur laisser leur part dans la répartition des charges sociales, mais à leur donner auprès de la direction une situation que la Révolution française, en supprimant les corporations, leur avait enlevée.

On connaît la création des délégués d'ateliers, qui sanctionnaient ce que beaucoup de patrons avaient déjà organisé chez eux :

« Il y a mieux que de résoudre des conflits , c'est de les empêcher de naître, et, à cette fin, d'établir entre la direction d'une usine et son personnel ouvrier des contacts normaux et permanents, qui permettent à l'un d'exposer pacifiquement ses réclamations, à l'autre de les discuter loyalement, aux deux parties de chercher en toute bonne foi à concilier leurs intérêts particuliers avec les intérêts généraux de l'industrie : ceux-ci, bien souvent, commandant ceux-là (1) ».

Dans une étude sur l'avenir français, M. Henri Joly précise ainsi la question à propos de l'avenir du patron (2) :

« Il serait non moins à souhaiter, qu'au lieu d'avoir dans le syndicat ouvrier une force anonyme, où deux ou trois meneurs commandent, et où tout le reste obéit plus aveuglément encore qu'au patron, on eût dans la famille ouvrière des groupes s'intéressant particulièrement, en dehors de la besogne obligatoire, l'un à l'hygiène des ateliers, un autre à la destination des

____

(1) Georges Prot. Les Délégués d'atelier (*Écho de Paris*).
(2) Henri Joly, *L'Avenir Français, Tâches Nouvelles* (1917).

jeunes filles, un autre à la surveillance des machines, un autre aux salaires, un autre aux différentes formes de la mutualité, et ainsi de suite...

« Par là s'introduirait dans la vie collective de l'industrie un régime aussi éloigné de la tyrannie que de l'anarchie... C'est à cette harmonie, non à la lutte intestine, que doit tendre notre avenir. »

Certes, aux délégués des ouvriers auprès du patron, nous préférerions de beaucoup les délégués du patron auprès des ouvriers, mais lorsque les ouvriers prennent l'initiative de reprendre les relations qui depuis longtemps ont été interrompues, ce serait une faute grave que de ne pas leur donner satisfaction.

De toutes parts, se manifeste l'opinion qu'il est nécessaire de rapprocher les ouvriers de leurs employeurs, et qu'il serait même utile de donner une place aux ouvriers dans les Conseils de direction.

Ecoutons ce que disait M. l'abbé Sertillanges dans son discours à la réunion du Syndicat des employés de commerce et de l'industrie et des Syndicats professionnels d'ouvriers de 1917 (1) :

« Le patron a sa place dans l'exploitation, l'actionnaire a la sienne, mais jusqu'ici l'ouvrier est dehors.

« Il ne s'y introduit que pour porter plainte, c'est-à-dire passagèrement, c'est-à-dire négativement. L'ouvrier n'est appelé à connaître ni des fins communes, ni des conditions générales de l'exploitation, ni de son

____

(1) Abbé A. D. Sertillanges, *Des Catholiques et le Travail français* (Paris, Maison syndicale, 5, rue Cadet).

propre travail quant aux motifs qui en règlent la quotité, la qualité, la rétribution, la réglementation, les conditions hygiéniques et morales, etc. Dans l'organisation du travail, l'ouvrier n'a donc point sa place, ce qui n'est pas normal.

« Si l'ouvrier et l'employé sont des coopérateurs, s'ils sont un élément de l'organe opérant, il faut que, par soi-même ou par représentants, ils soient admis à juger de leur propre cas, jugeant pour leur part et à leur degré, dans l'intérêt commun dont ils sont solidaires.

« L'inconvénient de les tenir à l'écart, ne voulût-on pas tenir compte du point de vue équité, c'est qu'on prépare ainsi l'incompréhension mutuelle, et, par suite, les conflits ou l'aggravation des conflits. Les ouvriers ne savent que fort mal ce qui concerne le capital et la direction, leurs difficultés et leurs risques. Les patrons n'entrent que fort peu dans les points de vue de l'ouvrier, dans sa conception de la vie. Ils ignorent en partie les répercussions de leurs propres mesures sur la vie ouvrière. Il s'ensuit que l'attitude réciproque, si elle est défavorable, risque d'être attribuée tout entière à de mauvais sentiments ».

Ce dernier paragraphe, en exposant d'une manière simple et nette les causes du désaccord social, laisse entrevoir quelle doit en être la solution.

En Amérique, en Angleterre le courant actuel des idées est le même qu'en France.

Le grand journal financier *The Statist* résume ainsi les opinions qui ont été manifestées dans un grand nombre d'assemblées générales des grandes Sociétés industrielles de ce pays :

« Clairement, il y a une seule manière de régler tout cela et nous n'en voyons pas d'autre : c'est d'inviter les classes ouvrières à devenir associées dans les grandes affaires du pays... Une grande augmentation de salaires donne lieu à beaucoup d'objections ; mais un enrôlement des classes ouvrières avec les classes capitalistes en vue de la production du pays, ne présente aucun réel inconvénient...

« Alors les ouvriers sauront quelles sont les ressources aussi bien que les difficultés des affaires qui les emploient. Ils connaîtront également la politique poursuivie et ses résultats. Et chaque fois que surviendra une difficulté, ils devront avoir une voix, et même une voix déterminante pour fixer la marche à suivre. »

M. Millerand, dans son discours d'ouverture du Congrès du Génie civil, expose ainsi la question :

« Les employeurs se rendront compte que la foule immense des employés, de leurs collaborateurs de tout genre, ont leurs droits qui ne s'arrêtent pas au paiement d'un salaire plus ou moins délibérément débattu.

« Les employés, fidèles aux vieilles traditions françaises, auront comme leurs ancêtres, « les maîtres » d'autrefois, l'ambition et la fierté de la tâche bien faite.

« L'hostilité de l'ouvrier contre le capitaliste ne serait-elle pas le pire des non sens ? La richesse d'une entreprise n'est-elle pas l'élément indispensable au bien-être de ses collaborateurs à tous les degrés ? Il faut que les employeurs comme les employés comprennent la nécessité d'une entente et en acceptent les conditions... Il faut trouver le procédé d'associer à la gestion de l'usine l'ouvrier directement intéressé à son succès. »

Si nous avons cité ces auteurs ce n'est pas, on le sait, parce que nous adoptons entièrement leur manière de voir. Nous estimons que la *direction absolue* doit se trouver aux mains d'*un seul homme* dont le devoir est de prendre conseil de tous ses collaborateurs y compris le dernier de ses ouvriers, s'il peut donner un avis utile.

Mais nous avons tenu à montrer que les errements anciens n'ont plus cours et qu'il est nécessaire de trouver de nouveaux procédés pour conduire les hommes dans l'industrie.

Il ne s'agit pas d'ailleurs, pour nous chefs, intermédiaires nés entre le capital et le travail, de prendre parti. Il s'agit de faire un sérieux examen de conscience et de prendre des décisions pour la conduite à tenir dans l'avenir.

C'est à nous que revient ce rôle et non aux politiciens et aux utopistes. C'est à nous qu'il appartiendra de réaliser ces décisions non par des discours mais par des actes.

Nous ne pouvons pas nous étendre davantage sur ces considérations sociales et économiques, non qu'elles ne fassent pas partie intégrante de notre sujet, mais parce que leur étude est sans limite et demanderait de nombreux volumes.

Nous y reviendrons, d'ailleurs, en étudiant les méthodes de salaires qui ont une influence immédiate sur la condition matérielle des ouvriers et qui sont susceptibles d'agir dans une très large mesure sur leur condition morale.

Mais nous insistons encore sur la nécessité pour les industriels, pour les jeunes en particulier, de s'intéresser au moral de leurs hommes. Il est impossible, quand ils s'y seront intéressés, qu'ils ne fassent pas tout ce qui est en leur pouvoir pour leur donner ce dont ils ont besoin.

Que les jeunes, surtout, suivent de près le mouvement des idées sociales! Il est inadmissible, nous l'avons dit, au sujet de la physiologie, qu'un chef qui a à utiliser constamment la machine humaine ne connaisse pas tous les rouages de cette machine. Et il en est de la machine collective comme de la machine individuelle.

Un chef, quel qu'il soit, ne doit pas rester étranger aux courants d'idées ou d'opinion qui agitent ou sont près d'agiter son personnel.

Le chef d'industrie, en particulier, doit étudier les organisations syndicales, les groupements corporatifs et sociaux, et les considérer, non comme des ennemis irréductibles, mais comme la meilleure arme pour la lutte économique de l'avenir.

Il est nécessaire, dans l'intérêt même de leurs entreprises que les patrons, absorbés par leurs multiples fonctions et hypnotisés par la raison même de leur travail qui est de mener à bien leurs affaires, puissent compter sur un organisme qui sera intéressé à leur proposer les solutions propres à améliorer la situation des travailleurs.

C'est surtout par la collaboration étroite des syndicats ouvriers et des syndicats patronaux, collaboration dont le but sera avant tout d'accroître la production, que l'on pourra arriver à régler des situations qui se modifient sans cesse.

L'éducation des patrons, comme celle des ouvriers, est encore à achever, mais de grands pas ont été faits, et quand ses organismes auront été bien mis au point ils nous rendront d'incomparables services.

Il faudra, pour cela, arriver à ce que les syndicats soient réellement l'émanation de la volonté de l'ensemble des travailleurs ou des patrons, et non pas seulement d'une minorité turbulente.

TROISIÈME PARTIE

Les méthodes de direction

CHAPITRE VIII

ORGANISER

L'organisation.

Organiser une affaire, c'est lui donner les organes susceptibles de la faire vivre.

Le besoin crée l'organe, a-t-on dit souvent. C'est exact, mais les organes nés du hasard sont le plus souvent difformes.

Cardullo (1) distingue trois sortes d'organisations industrielles générales :

« L'organisation *conventionnelle* où tout est laissé à l'appréciation personnelle du directeur. Ses résultats valent ce que vaut le chef d'industrie. »

« L'organisation *systématique*, se réduisant à une

(1) Forest E, Cardullo, Administration Industrielle et Organisation scientifique. Reproduit d'après « Machinery » par la *Revue de la Métallurgie*, avril 1915.

parfaite tenue des livres, c'est le triomphe du gratte-
papier qui collectionne, classifie, compare notes et renseignements pour déterminer la valeur relative des
différentes méthodes de travail. »

« Enfin, l'organisation *scientifique* qui s'appuie sur
l'étude raisonnée de chaque problème pour déterminer
les meilleures solutions. »

On a reconnu dans la première l'organisation de la
plupart de nos industries en France. Tels M. Jourdain
pour la prose nous faisons depuis longtemps de l'organisation sans le savoir, grâce à une tournure toute
particulière de notre esprit qui a le sens de l'ordre
extrêmement développé.

C'est peut-être pour ce motif que notre industrie
n'a pas senti au même degré que celle des autres pays
le besoin de s'organiser.

Mais notre sens de l'organisation était le plus souvent en opposition avec la routine, le manque d'initiative et d'énergie, l'étroitesse de vues, la tendance
au moindre effort.

L'organisation systématique est exactement celle
des services de l'État.

C'est un modèle dont on disait autrefois, il y a longtemps, que « l'Europe nous l'envie ». Mais depuis de
longues années, les élèves sont passés maîtres. C'est
bien chez nous toujours le règne de la forme, le triomphe du gratte-papier, de l'homme au guichet.

L'organisation scientifique est la seule qui paraisse
capable de permettre à notre pays de conserver dans

la paix le rang qui lui a été rendu par la guerre. C'est la seule qui mettra notre industrie en mesure de lutter avantageusement contre l'industrie étrangère.

Quelle que soit la méthode employée, il faut qu'elle soit établie scientifiquement ; et ceci ne veut pas dire : d'après les formules mathématiques, pas plus que d'après des clichés tout préparés ou des règlements appris par cœur.

Une méthode d'organisation ne sera adoptée qu'après une étude détaillée du but à atteindre et des causes déterminantes, et on choisira toujours celle qui paraît le plus propre à apporter à son organisme l'activité, la vie.

On parle couramment de l'âme des chefs, de la tête des chefs ; c'est l'âme qui donne la vie, c'est la tête qui donne la direction à cette vie.

Par l'organisation, cette vie physique et intellectuelle doit se répandre à profusion dans une industrie, jusqu'au dernier recoin des bureaux et des ateliers. Tout le personnel, toutes les machines mêmes doivent paraître animées de ce souffle vivifiant que l'on doit sentir partout.

L'Unité de commandement.

« Rappelez, Messieurs, vos souvenirs, disait M. Victor Cambon dans une conférence à la Société des Ingénieurs civils de France, interrogez l'histoire et vous reconnaîtrez qu'aucune institution humaine n'a jamais prospéré et grandi à moins d'être dirigée par un cerveau unique (1). »

L'unité de gouvernement, l'unité de commandement, l'unité de direction a toujours été reconnue, par les esprits qui ne se payaient pas d'illusion, comme un des facteurs indispensables du succès.

Nous retrouvons ce principe d'unité, et la hiérarchie qui en dérive, dans toutes les grandes institutions sociales, militaires ou religieuses qui ont résisté aux assauts du temps.

Ce principe a été tout particulièrement reconnu nécessaire dans les armées où l'on en a fait la base même de la discipline. Le soldat ne peut obéir à deux chefs, s'il obéit à l'un, il doit désobéir à l'autre car deux hommes ne peuvent être éternellement d'accord.

Ce principe a pour but « de maintenir chacun dans ses droits comme dans ses devoirs ». Quand plusieurs militaires, qu'ils soient ou non du même corps et de la même arme, sont de service ensemble, il y en a toujours un qui est le chef : En l'espèce, c'est le plus ancien dans le grade le plus élevé. Tous les autres doivent lui obéir.

Le principe d'organisation fonctionnelle, tel que l'a établi Taylor, a paru contraire à nos vieux principes, et il a causé en Amérique d'abord, en France ensuite, une profonde stupéfaction.

(1) Victor Cambon. *Bulletin de la Société des Ingénieurs Civils de France.* (Séance du 25 juin 1915).

Ce système semblait saper les bases de notre édifice social, et bien rares sont, à l'heure actuelle, les industriels qui l'ont admis.

Taylor lui-même a, d'ailleurs, dans ses ouvrages, opposé nettement son organisation au système de hiérarchie qu'il appelle « militaire ».

Il est probable que ce grand manieur d'ouvriers connaissait imparfaitement l'organisation militaire.

En effet si, dans la hiérarchie militaire il existe une subordination de grade à grade, il existe aussi des fonctions, des services. Ce fait n'était peut-être pas très sensible pour le simple soldat en temps de paix, car à ce moment l'armée n'était, en somme, qu'une école ; mais on s'en rend parfaitement compte en temps de guerre, l'armée devenant alors une organisation qui doit produire un rendement. C'est ainsi qu'un commandant d'unité dépend d'un chef de corps qui est son chef direct ; mais il reçoit aussi des ordres de l'Intendance pour toutes les questions d'alimentation , d'habillement, de solde ; de l'artillerie pour les questions d'armement, de matériel ; du service de santé pour les questions médicales, etc.

De même un simple soldat appartient à une escouade et relève de son caporal, mais il est sans cesse sous le commandement d'autres chefs fonctionnels : le sergent-major, le caporal d'ordinaire pour les questions de solde, prêt et vivres, les sous-officiers de jour ou de semaine pour tout ce qui intéresse les corvées et la discipline générale, et enfin le gradé chef du service dans lequel il est spécialement employé, et ce gradé n'est pas toujours son chef direct.

La comparaison peut se poursuivre dans nos lycées et collèges qui ont pourtant été, sous le Ier Empire, organisés selon des principes militaires : un élève dépend d'un professeur de classe qui le suit dans sa formation morale et intellectuelle, mais il passe sans cesse, de cours en cours, sous l'autorité de divers professeurs, à l'étude et en récréation sous celle d'un surveillant.

Tout cela est bien, semble-t-il, de l'organisation fonctionnelle au premier chef !

C'est par suite de leur inertie, de leur manque d'esprit pratique que les industriels du siècle dernier ont trouvé commode de prendre le cliché tout fait de ce qu'ils croyaient être l'organisation militaire. Ils ne sont parvenus à en faire qu'une caricature.

Dans les usines modernes où des chefs s'étaient sérieusement occupés de l'organisation, ils avaient depuis longtemps compris qu'il était très imparfait de s'en tenir à ce squelette.

Bien des ateliers avaient des contrôleurs qui vérifiaient le travail terminé, des « pointeaux » qui relevaient les heures de travail, des services d'outillage, d'entretien, de surveillance, qui dégageaient le chef d'équipe et le contremaître de bien des préoccupations et lui permettaient de s'occuper uniquement du travail.

Ce qui importe, dans tous les cas, c'est que, dans

l'atelier, il y ait toujours un chef qualifié auquel l'ouvrier puisse s'adresser pour lui faire part de ses réclamations ou de ses hésitations : ce chef doit être chargé de suivre l'homme, de s'occuper de lui au point de vue général et au point de vue de sa discipline personnelle. Il doit être en état de le conseiller, de relever son moral et de lui donner des indications sur son travail.

En second lieu, un ouvrier doit toujours savoir par qui il est commandé dans un cas déterminé. Un homme peut recevoir des ordres de plusieurs chefs à des moments différents, pourvu que tous ces chefs travaillent dans le même but. Il ne peut recevoir d'ordres de plusieurs chefs qui l'obligeraient au même moment à poursuivre plusieurs buts différents.

Une organisation fonctionnelle doit être réglée d'avance dans les moindres détails, rien ne doit y être abandonné au hasard. Elle nécessite une action constante des chefs, une surveillance des plus étroites et un contrôle qui ne laisse rien échapper. Une organisation très poussée, si elle n'est pas soumise à une direction énergique, dégénère bientôt en bureaucratie.

La division des services.

Puisqu'un chef, même parfaitement organisé cérébralement, ne peut tout embrasser, tout diriger par lui-même, il doit se faire aider par des chefs de services dont le nombre doit être limité.

Il est intéressant de rechercher combien de services

un chef peut diriger lui-même directement, et combien il peut en avoir sous ses ordres immédiats avec un chef à la tête de chacun d'eux.

A la première question, on peut répondre nettement qu'un chef ne doit avoir directement sous sa direction qu'un seul service, et il faut joindre à cette réponse sa contre-partie : un service ne doit être dirigé directement que par un seul chef. On le voit, si comme nous le disions précédemment un ouvrier peut passer successivement de service en service, ou même dépendre à la fois de plusieurs services, chacun de ces services ne peut avoir à sa tête qu'un seul chef.

La seconde question ne paraît pas avoir été étudiée pour l'industrie ; elle a fait pour l'armée l'objet de bien des controverses.

On a admis pour les unités inférieures l'ordre quaternaire, et on avait toujours posé en principe que, pour les grandes unités, l'ordre binaire était le seul admissible. L'Ecole de guerre donnait comme l'une des causes de l'infériorité des Autrichiens en 1866 l'adoption de l'ordre ternaire.

Or, voici qu'au cours de cette guerre on a adopté uniformément chez nos ennemis, comme chez nous, l'ordre ternaire. Certains échelons, la brigade par exemple, ont été supprimés, ou plutôt, mettant en pratique les idées de Taylor, on en a fait des services plutôt fonctionnels que hiérarchiques.

Il semble que, pour la division des services, on devrait se rapprocher des règles générales suivantes :

1° Chaque chef de service ne pourra avoir directement sous ses ordres qu'un seul service. Par contre un service ne devra dépendre que d'un seul chef ;

2° Un chef peut avoir sous ses ordres trois services élémentaires si son commandement est très important. Il peut en avoir quatre ou cinq dans l'échelon inférieur ;

3° Les services *identiques* doivent être concentrés sous la direction d'un seul chef, jusqu'à six ou huit éléments, et même, en certains cas, davantage ;

4° Les services dont un chef aura à s'occuper directement devront, autant que possible, posséder la même organisation et être de la même importance.

Ces règles n'ont rien d'absolu et elles peuvent être modifiées selon les circonstances et d'après les aptitudes des personnes qui auront à les appliquer. Il sera bon, toutefois, de ne pas les perdre de vue et de ne pas s'en écarter considérablement.

La place du chef.

Dans la répartition du travail, un chef ne doit rien garder pour lui ; et encore ses simples fonctions de chef — organiser, diriger, contrôler — lui demanderont-elles beaucoup plus de temps que n'en comporte sa journée.

Ce qui peut être fait sans inconvénient par un sous-ordre doit être fait par un sous-ordre. Le temps du directeur est trop précieux pour qu'il fasse lui-même ce qu'un de ses agents pourra faire aussi bien que lui.

Mais, si le temps du directeur est précieux, c'est une raison pour qu'il s'efforce de n'en rien perdre. Il doit se décharger de ce travail, non pour se reposer, mais pour se donner du temps qui devra être employé plus utilement encore.

« Que si le Maréchal de Camp, disait Maurice de Saxe, veut faire le sergent de bataille, il passe son bâton de commandement au plus digne de ses généraux et prenne hardiment les insignes du sergent de bataille ; mais il ne peut faire l'un et l'autre ».

Faut-il conclure de tout ceci que le chef n'a pas le droit de s'occuper des détails de son affaire ?

Bien au contraire ! Il doit se libérer de toute astreinte pour pouvoir porter son attention sur le point qui lui paraît la mériter le plus ; sur la pierre d'achoppement qui empêche tout l'ensemble de bien fonctionner. Libre de toute préoccupation, certain que sans lui tout continuera à marcher en vertu de la vitesse acquise, il pourra étudier chaque détail complètement et sous toutes ses phases en y consacrant tout le temps qu'il jugera nécessaire.

Souvent il tirera, de l'examen approfondi d'un détail, des idées générales qui pourront être utilisées dans l'ensemble.

Il peut être bon, quand un de ses sous-ordres est absent ou indisponible pour peu de temps, de le remplacer soi-même. Il ne faut pas agir ainsi par nécessité, ni par économie, mais par méthode.

Il n'y a pas de meilleur moyen, l'ensemble de l'affaire

continuant à marcher comme d'habitude, d'en connaître tous les rouages et de voir quels en sont les points défectueux. On fera ainsi bien certainement un grand nombre de découvertes utiles.

Dans le même ordre d'idées, un chef doit faire, de temps en temps, des visites inopinées.

S'il a, par laisser aller ou par nécessité, pris la mauvaise habitude d'être régulièrement absent à certaines heures, il peut être certain qu'il se passe, à cette heure-là, dans son affaire, des choses qui l'intéresseraient au plus haut point s'il pouvait les voir.

Un chef doit toujours être là, on doit toujours s'attendre à le voir arriver partout. Il doit obtenir de son personnel qu'il agisse toujours comme s'il était présent.

La place du chef est, nous l'avons dit, au point faible.

Savoir quitter le bureau où il est confortablement installé, où la température est agréable, où il a sur sa table une foule de papiers en attente dont la liquidation lui paraît urgente, pour se rendre sur le terrain ou dans ses usines, lui demande un réel effort.

Cet effort est pourtant nécessaire car, dans le bureau, bien des difficultés n'apparaissent pas assez nettement. Des comptes-rendus arrivent, apportant la nouvelle de difficultés, puis d'échecs successifs. Ces échecs auraient souvent été évités si, dès l'annonce des premières difficultés, le chef avait su se déplacer, voir par lui-même, questionner personnellement les intéressés.

Si César n'avait pas su se déplacer il n'aurait pas

pu prononcer devant le Sénat romain son *veni, vidi, vici.* Parce qu'il avait su se déplacer, il avait pu voir et avait su vaincre.

L'État-Major.

Quand la quantité de travail qui incombe à un directeur, à un chef de service, est trop grande et dépasse la limite de ses forces, il se fait aider par des chefs de service qui sont chargés d'assurer le travail qui revient au personnel dont chacun d'eux a le commandement. Ces chefs de service doivent être dotés d'une large initiative.

Mais cela ne suffit pas et le directeur, le grand chef doit encore avoir auprès de lui des aides qui constituent son état-major.

Le chef de service, pour aussi infime que soit son service, a l'autorité sur ce service et la responsabilité des ordres qu'il donne et des décisions qu'il prend.

L'employé à l'état-major n'a aucune autorité sur le personnel et ne prend aucune décision, ou, s'il en prend, c'est au titre d'émanation de son chef.

Il peut arriver que ce dernier délègue à certains membres de son état-major son droit de donner des ordres. Il ne doit pas le faire aveuglément !

Les ordres, dès qu'ils ont quelque importance, doivent être donnés par le chef lui-même, par celui qui a, à la fois, la responsabilité et l'autorité. S'il éprouve des difficultés à agir ainsi, il doit en conclure que son organisation est mauvaise, que ses chefs de service sont incompétents; ou, plus souvent, qu'il a trop négligé lui-même de leur donner de l'initiative.

Bien des directeurs ont une tendance à avoir une confiance exagérée dans leur état-major, et beaucoup de défiance envers leurs chefs de services.

C'est parce que les premiers, vivant auprès d'eux, ont su gagner leurs bonnes grâces par leurs capacités, souvent même par leur caractère ou par la flatterie. C'est aussi parce que, en raison de leur inertie, ou de ce qu'ils ont voulu trop embrasser à la fois, les directeurs se sont habitués à laisser faire par leurs aides le travail qu'ils s'étaient réservé pour eux-mêmes, et qu'ils ne savent plus prendre la décision de laisser l'initiative de ce travail à leurs chefs de services.

Un chef ne doit placer dans son entourage que des hommes qui méritent toute sa confiance, mais il doit être pénétré de cette pensée que ces hommes ont tout ntérêt à le flatter et que les hommes peuvent d'autant mieux dissimuler leurs défauts qu'on les voit de plus près.

Il est mauvais de garder indéfiniment les mêmes hommes auprès de soi. Il est aussi utile pour eux que pour leur chef de les changer de place de temps en temps ; ils se rendront ainsi bien plus utiles.

Un chef doit éviter de se laisser mettre « sous cloche » par son entourage et par ses conseillers. Ecouter les conseils, c'est bien; savoir en tirer profit, c'est mieux ; mais tout cela n'est parfait que si l'on sait juger et décider par soi-même. C'est le chef en titre qui doit être le chef réel, et non un employé ou un favori.

Dans aucun cas, on ne doit faire cumuler les fonctions de chef de service avec celles d'attaché à un état-major. Dans de telles conditions, le service intéressé prendrait vite une importance exagérée et l'affaire, dans son ensemble, en souffrirait certainement.

L'isolement du chef.

Tous les chefs d'armée ou d'industrie ont senti, quand ils traversaient des crises graves, une terrible impression d'isolement.

Dans ces moments, il semble au chef qu'il est seul, devant les décisions à prendre, portant, sans aucune aide, le poids de ses responsabilités. Il se demande à qui il pourra avoir recours ; personne parmi ceux qui l'entourent ne lui paraît plus mériter toute sa confiance.

Il voudrait tout voir, être renseigné sur tout, s'imprégner complètement de la vie de ceux qui combattent, qui travaillent, qui luttent, qui souffrent. Mais il est rivé à son poste de commandement, à son bureau, où il sait que sa présence est indispensable.

Il faut que tout chef, quelle que soit sa situation, connaisse à l'avance cette impression, qu'il la prévoie, qu'il s'y prépare. Il doit avoir en note le nom de conseillers dont il est sûr et auprès desquels il pourra trouver assistance s'il se sent écrasé par sa lourde tâche.

Il faut surtout qu'il se fixe à l'avance des méthodes :

méthodes de renseignements, méthodes d'études, méthodes pour donner des ordres.

Dans les moments difficiles, quand il ne voit plus clairement la bonne direction, il doit s'attacher désespérément à ces méthodes qui, certainement, l'aiguilleront sur la voie qui mène au succès.

La fréquentation de cercles commerciaux et industriels, de groupements tels que le Cercle Commercial et Industriel de France, le C. A. P., l'Institut Scientifique et Industriel, l'Association Nationale d'Expansion Economique, la Société d'Encouragement, etc., peuvent être pour lui d'un précieux secours.

Le Bureau.

Le bureau a pris, de nos jours, une importance qui va sans cesse en croissant. Chacun le reconnaît, beaucoup le déplorent, personne ne s'y oppose.

L'employé de bureau est aussi envié qu'il est méprisé.

Il est envié par l'ouvrier, par l'homme actif, parce qu'il commence son travail après lui, qu'il le termine avant lui, qu'il ne fait pas d'efforts physiques (on suppose à bon droit qu'il ne fait pas beaucoup d'efforts intellectuels), parce qu'il est vêtu en bourgeois, qu'il est payé au mois, etc. L'ouvrier se représente l'employé somnolant devant un bureau dans une température toujours égale, une plume à la main, l'esprit ailleurs.

L'employé de bureau est méprisé parce que, d'une

manière générale on a conscience qu'il ne fait pas l'effort maximum, et que l'on n'a d'estime que pour l'homme qui fait l'effort. Il est méprisé parce que, prenant moins de peine, il arrive à de moindres résultats et en paraît satisfait, parce que, surtout, gagnant moins, il cherche à paraître davantage.

Un vieux caissier d'un atelier de constructions disait un jour à des jeunes gens qu'il engageait à faire l'apprentissage d'un métier : « À la paye, je ne vois, au guichet, que les mains. Aux mains noires, je donne beaucoup d'argent ; j'en donne bien peu aux mains blanches ».

L'instruction des employés de bureau est supérieure, en général, à celle des ouvriers. Beaucoup d'entre les premiers, s'ils voulaient s'en donner la peine, et consentir à se salir les mains, pourraient arriver à des situations élevées. Mais ils ont peur de l'effort.

Que ce soit dans les services de l'État, dans l'armée ou dans l'industrie, l'administration a une mauvaise presse. Elle est déconsidérée, elle est tournée en ridicule, elle a fait le sujet de satires aussi justes qu'amusantes.

Dans les classes élevées, on se défend d'appartenir à l'ad-mi-nis-tra-tion. La cause est que cette administration a perdu toute son activité.

Si l'on définit administration : prévoir et pourvoir, elle n'administre rien car elle ne prévoit rien et ne pourvoit à rien. Elle se contente de sanctionner.

Et c'est un des beaux côtés de notre caractère que

d'avoir autant d'admiration pour l'homme qui est à la peine ou au danger, qu'il a peu d'estime pour celui qui reste à l'abri.

Pourtant, plus on s'élève dans la hiérarchie sociale, militaire ou industrielle, plus on se trouve tenu de rester « au bureau ».

. Le motif en est que, plus la situation s'élève, plus les détails matériels s'éloignent. Le rôle du chef devient de plus en plus général et se réduit enfin à « prévoir et pourvoir », c'est-à-dire à organiser, à administrer.

Le mot français : bureau, prête à confusion ; un grand chef n'écrit pas, ou n'écrit que bien peu !

Nous n'avons pas de mot dans les affaires pour désigner ce que les Anglais appellent « office ». On en a trouvé un excellent aux armées : le P. C. Le poste de commandement.

Le bureau d'un chef, quel qu'il soit, est en effet son vrai poste de commandement.

C'est là que parviennent tous les renseignements, que toutes les questions sont étudiées, et quelquefois les ordres sont élaborés. C'est de là qu'ils sont envoyés aux divers services. Le rôle d'un chef dans son P. C. est de se renseigner, d'étudier, de décider et de donner des ordres.

Le bureau est donc, en quelque sorte, le cerveau d'une affaire. Le chef y est le *neurome* central qui reçoit les sensations et les transforme en action.

Il ne faut pas tomber dans le travers de souscrire de parti-pris à ce *tolle* général contre l'administration.

Ce qui est mauvais, c'est l'administration telle qu'on l'entend chez nous. D'une bonne administration, on peut, au contraire, tout attendre.

C'est l'administration qui, dans une affaire, est le volant régulateur qui assure la continuité du mouvement, qui reçoit et emmagasine l'excès de puissance pour parer aux points morts. Sans une bonne administration, tous les efforts d'un chef sont inopérants. Mais un bureau sans un chef énergique ne peut pas plus actionner une industrie qu'un volant sans moteur ne peut actionner une usine.

D'excellents techniciens, des hommes qui, sur le terrain ou à l'atelier, avaient des vues justes, ont fait de parfaits administrateurs.

Et ce sont, en général, ceux qui savent le mieux organiser, administrer, qui ont le plus d'ascendant sur leurs hommes.

La paperasserie

On confond souvent, et bien à tort, l'administration et la paperasserie. On peut pourtant faire une excellente administration avec une paperasserie très limitée.

A-t-on assez écrit contre la paperasserie ! a-t-on assez réclamé sa réduction ! Malgré les notes et les circulaires, dans tous les services, elle augmente chaque jour.

C'est qu'il ne suffit pas de dire : supprimons la paperasserie, ou de donner l'ordre de la diminuer ! Il faut changer les méthodes de commandement.

La paperasserie est née d'un manque de confiance des chefs en leurs inférieurs et des services entre eux, d'un manque d'esprit d'initiative, et du défaut d'acceptation de la responsabilité qui en résulte naturellement.

Un chef, à qui n'est laissée aucune initiative, ne peut prendre une décision, même de peu d'importance, sans demander son avis à son chef ou au service dit compétent.

Il le fait par lettre, et avec pièces à l'appui : certificats, lettres de recommandation, rapports, études, devis, plans, projets, etc.

Le service « compétent », après examen, ne manque jamais de trouver le dossier incomplet et il en « fait retour » à l'intéressé pour renseignements complémentaires.

Après plusieurs voyages, le dossier, muni de nombreux « vu et transmis », d'avis, de cachets, revient une dernière fois..... sans que personne ait osé prendre une décision.

Ce tableau n'est pas poussé au noir ; c'est là ce qui se passe journellement dans toutes nos administrations. Là, le bon employé n'est pas celui qui active les affaires et les résout rapidement ; c'est au contraire celui qui connaît assez bien ses règlements pour trouver dans chaque affaire la pièce qui manque au dossier, l'irrégularité dans la forme qui exigera le retour au demandeur. Avec lui, rien ne passera ; son chef peut dormir tranquille !

Dans un pays où existe une pareille mentalité, comment pourrait-on aimer l'administration ?

Si chacun pouvait laisser libre cours à son initiative, les questions seraient résolues simplement, rapidement, conformément au bon sens, et sans paperasserie.

tion n'est pas motivée par la paresse, par l'égoïsme, ou, plus souvent encore, par le désir des sous-ordres d'augmenter leurs prérogatives.

Décider.

Prendre des décisions constitue l'acte le plus important et le plus fréquent de la vie d'un chef.

Une des qualités maîtresses qui lui sont nécessaires est donc la décision ; un des défauts dont il doit le plus se garder est l'indécision.

Une petite édition populaire, qui devrait être mise entre les mains de tous les jeunes gens, définit très exactement l'indécision (1) : « Les indécis sont en général des gens intelligents à qui manque cette force essentielle de la volonté : le pouvoir d'élimination. Devant un acte à accomplir, ils voient toutes les raisons qui motivent cet acte, et les motifs qui peuvent amener l'abstention. Ils ne savent auquel donner la préférence, ils hésitent, ils balancent, et, par un scrupule d'esprit louable en lui-même, parce qu'il révèle la probité intellectuelle, mais mauvais et néfaste si l'on envisage la vie avec ses exigences, ses nécessités et l'obligation où elle vous met d'agir, par ce scrupule, disons-nous, ils ne veulent pas sacrifier les uns au profit des autres...

« Cet état d'esprit est particulier aux timides que

____

(1) J. Mac Burns. Pour acquérir, pour développer la volonté, l'attention, le jugement, l'énergie, la maîtrise de soi, la persévérance, la mémoire, l'esprit pratique et toutes les qualités qui permettent d'arriver. (*Les Éditions pratiques et documentaires*).

la préoccupation de la responsabilité poursuit au point de déterminer chez eux le désarroi le plus complet. »

La tournure d'esprit très fréquente de l'homme qui est toujours de l'avis du dernier qui a parlé est très malheureuse pour un chef. Il lui est indispensable de réagir et il peut y parvenir avec de la méthode et de la volonté.

L'hésitation est une des causes de l'affaiblissement de l'autorité ; les hommes n'ont pas de confiance dans un chef qui ne se sent pas sûr de lui.

S'il faut s'entourer de tous les renseignements et de tous les conseils possibles avant de prendre une décision, il est nécessaire de s'isoler intellectuellement au moment même de la prendre.

Souvent, si c'est possible, et si l'affaire est grave, il sera bon de laisser passer une nuit et même plus de temps encore entre l'étude et la décision.

Il faut se rappeler dans tous les cas la fable « Le meunier, son fils et l'âne » et aussi la vieille histoire de l'âne de Buridan !

Quand un chef a pris une décision qui intéresse ses subordonnés, il ne doit plus y revenir.

Une décision prise, un ordre donné, doivent être sacrés pour celui qui en est l'auteur, alors même qu'il lui paraisse évident qu'il eût mieux agi en prenant telle autre décision, en donnant tel autre ordre.

Il faut admettre que l'on a agi conformément au bon sens en donnant l'ordre que l'on regrette. Si donc, il n'est pas survenu de fait nouveau susceptible de renverser complètement la question, il n'y a aucun motif pour que le bon sens soit complètement renversé.

Si des difficultés imprévues se présentent dans l'exécution d'un ordre, il faut compter sur l'initiative des chefs en sous-ordre et du personnel tout entier.

Un contre-ordre est toujours la source de difficultés et d'erreurs bien plus graves que celles qui auraient résulté d'une décision imparfaite.

Une fois l'ordre donné, chacun de ceux qu'il touche a dû prendre ses dispositions en vue de son exécution. Quelquefois, même, l'exécution est déjà commencée et, de proche en proche, elle est arrivée à intéresser de nombreux services.

Si un contre-ordre s'impose absolument, il faut s'assurer qu'il parvient à tous les services que l'ordre primitif intéressait, et il n'est pas toujours facile de les atteindre.

S'il ne faut pas donner, sans un motif de l'urgence la plus absolue, de contre-ordre à ses propres ordres, il faut bien se garder aussi d'user de son autorité pour modifier les ordres donnés par ses inférieurs.

Un chef qui constate qu'un de ses sous-ordres a donné un ordre qui lui paraît défectueux doit s'enquérir d'abord des causes qui l'ont motivé.

Bien souvent, plutôt que d'annuler un ordre, même donné à tort, il sera préférable de lui donner une direction nouvelle, mais, là encore, chacun des intéressés devra être avisé en temps voulu de la modification.

Qui donne des ordres ?

En principe, un homme ne peut recevoir d'ordres que d'un seul chef. Le principe, on l'a vu, semble au premier abord n'être pas réalisé d'une manière absolue dans l'organisation fonctionnelle qui paraît être l'organisation de l'avenir.

Mais nous avons montré aussi que, même dans ce système d'organisation, l'homme, le soldat, l'ouvrier ne peut recevoir en réalité d'ordres dans un moment et dans un but définis que d'un seul chef.

Il faut éviter dans une industrie que, comme à la cour du roi Pétaud, tout le monde commande et personne n'obéisse.

Pour cela, le chef d'industrie devra bien scinder les attributions de chacun, les limites de ces attributions devront être très nettes et tout le monde devra les connaître.

Il y a lieu, en outre, de fixer exactement les conditions dans lesquelles chacun pourra donner des ordres.

On devra éviter absolument que les ingénieurs des services d'études donnent directement des ordres aux ouvriers. Il doit en être de même de service à service.

Il est mauvais même que des conversations s'engagent, dans les ateliers, entre des ingénieurs qui n'appartiennent pas au service de l'atelier, et des ouvriers. De ces conversations, il naît forcément de l'imprécision dans l'esprit de l'ouvrier, et un doute dans l'esprit de l'ingénieur, au sujet de la manière dont ses études ont été comprises.

Si une conversation est utile, elle doit avoir lieu en présence d'un contremaître ou du chef d'atelier.

Si un ingénieur vient à constater une malfaçon, il doit en avertir, non pas l'ouvrier, mais le chef d'atelier, le contremaître ou le contrôleur qui seuls peuvent connaître les causes exactes de la malfaçon et y remédier.

Fixer des règles « qui maintiennent chacun dans ses droits comme dans ses devoirs » est l'un des premiers devoirs d'un directeur dans l'organisation d'une affaire, d'une usine, d'un atelier.

La voie hiérarchique.

Bien des chefs, dans les administrations importantes surtout, abusent de la voie hiérarchique dans la crainte de perdre une partie de leur autorité s'ils ne font pas sentir à chaque instant à leurs inférieurs que, seuls, ils sont les maîtres de prendre une décision ou de donner un avis.

Souvent, d'ailleurs, la décision ne doit même pas être prise par eux-mêmes, mais par un autre service ; fréquemment la question ne les intéresse en aucune manière et leur rôle se borne à un « vu et transmis ».

Les seuls résultats de cet abus de la voie hiérarchique sont d'enlever de l'initiative aux inférieurs et de retarder la solution des affaires.

Il est inutile et très souvent nuisible d'employer

la voie hiérarchique pour demander un renseignement
à un autre service, pour prévenir un service d'un fait
qui peut l'intéresser, etc.

Il faut borner l'emploi de la voie hiérarchique aux
cas qui comportent un compte-rendu à un chef plus
élevé, une décision à demander, etc.

Il faut en exiger l'emploi d'une manière rigoureuse
quand il y a transmission d'un ordre, et, dans ce cas,
elle doit être aussi bien suivie dans le sens descendant
qu'elle pourrait l'être dans le sens ascendant.

Un chef peut toujours, en cas d'urgence absolue,
adresser directement un ordre à l'échelon inférieur,
mais sous réserve de prévenir d'urgence les échelons
intermédiaires de l'ordre qui a été donné.

Rédiger et transmettre les ordres.

Les ouvriers sont, en général, prévenus contre tout
ordre nouveau.

Un ordre nouveau demande à ceux qui ont à l'exécuter un effort pour vaincre l'inertie en vertu de laquelle les anciens errements se maintenaient.

De plus, les ouvriers ont été si souvent roulés qu'ils
se demandent toujour qu'ils ne vont pas l'être une fois
encore.

Il est rare d'ailleurs, quoi que soit le personnel auquel
on a affaire, qu'un ordre soit bien accueilli, surtout
si cet ordre vient modifier de vieilles habitudes, déran-
ger des gens qui sont dans une douce quiétude.

Il est très utile, avant de donner un ordre important

à des ouvriers, avant d'installer de nouvelles machines
ou d'adopter de nouvelles méthodes, de les y préparer
en leur faisant connaître à l'avance le but recherché
et la manière dont la nouvelle organisation pourra les
y conduire.

On a vu le bon effet produit aux usines de chaînes
H. Renold par les conférences qu'y a faites M. Allingham.

Un chef qui a décidé un ordre ne doit pas s'arrêter,
pour l'imposer, aux récriminations de ceux qui auront
à l'exécuter ; mais il est bon d'amener ceux qui sont
récalcitrants à comprendre le bien-fondé de ce qui
leur est ordonné.

Certains caractères se plient difficilement à exécuter
sans murmure un ordre qui leur déplaît. On connaît
la réputation, justifiée d'ailleurs, du Français à cet
égard. Chez nous, on regimbe toujours devant un
ordre nouveau, on trouve toujours que c'est à soi que
reviennent toutes les corvées pénibles, que ce devrait
être le tour d'un autre, que l'ordre reçu est inutile ou
irréalisable.

Il faudrait bien se garder de prêter la moindre attention à ces bouderies qui ont caractérisé les grognards
de l'Empire et les poilus de la grande guerre, et qui
caractérisent aussi nos ouvriers de toutes les époques.

Le moment venu, l'homme qui réclamait hautement
déclarera qu'il ne demande pas mieux que de marcher,
mais il tient à paraître agir de son propre mouvement,
et non sous la pression de l'autorité.

C'est là une satisfaction qu'il n'y a en général aucun inconvénient à lui laisser prendre.

« Ce que l'on conçoit bien s'énonce clairement », l'axiome de Boileau, vrai en littérature, l'est bien plus encore pour la rédaction des ordres. Un ordre bien établi et bien conçu est, en général, bien rédigé.

Cette rédaction, verbale ou écrite, demande la plus grande attention. Il faut, ici plus que partout, se poser les questions *quis ? quid ? ubi ? quo ? quomodo ? quando ?* et s'assurer qu'une réponse est bien donnée à chacune d'elles.

La rédaction des ordres doit être, avant tout, complète : celui qui rédige doit se mettre « dans la peau » de celui à qui ils sont destinés, et il doit se demander comment il exécuterait lui-même l'ordre qu'il vient de rédiger.

La rédaction doit être, en même temps, simple et claire ; elle doit être à la portée de l'intelligence et de l'instruction de ceux auxquels l'ordre est destiné.

Enfin, la rédaction doit bien fixer le but à atteindre, avant d'en indiquer les moyens ; elle doit régler les conditions dans lesquelles le chef *veut* atteindre ce but et *prévoir* l'initiative qu'auront à prendre les sous-ordres.

Assurer l'exécution.

Il ne sert à rien de donner des ordres qui ne sont pas exécutés ou qui sont mal exécutés.

Le rôle d'un chef n'est pas terminé quand il a donné

des ordres, il doit en assurer et en contrôler l'exécution.

Il est d'abord nécessaire de faire connaître à celui qui doit exécuter l'ordre les moyens dont il pourra disposer, ceux qu'il devra se procurer et la limite dans laquelle il pourra les utiliser.

Il faut aussi prévoir les difficultés qui peuvent se présenter, et la manière dont elles pourront être vaincues.

Un ordre donné doit pouvoir être considéré comme exécuté entièrement s'il n'est pas l'objet d'un compte-rendu.

Il est des cas dans lesquels un inférieur peut ou même doit ne pas exécuter un ordre qui lui a été donné, mais il doit en rendre compte à son chef par les moyens les plus rapides, et prévenir d'urgence les autres intéressés.

Il est du plus déplorable effet sur la discipline de ne pas exiger que tous les ordres soient exécutés, pour aussi minime que soit leur importance.

Pour y parvenir, il faut éviter de tomber dans le défaut très fréquent de donner trop d'ordres : « Les ordres une fois donnés doivent revêtir le caractère immuable de la nature. C'est avant de les donner qu'il faut réfléchir et se demander, non seulement s'ils sont légitimes, mais s'ils sont nécessaires. S'ils ne le sont pas, abstenez-vous. Rien n'affaiblit l'autorité comme d'intervenir trop souvent (1) ».

(1) Abbé F. Klein. *Respect de l'Initiative dans l'Éducation des Petits.*

Si le personnel vient à s'apercevoir que les ordres ne sont pas contrôlés, il en aura vite déduit qu'ils sont inutiles et qu'il pourra, dorénavant, se dispenser de les exécuter. Il prendra l'habitude de ne plus exécuter que ceux que son propre jugement lui fera paraître uti'es, et le nombre en diminuera chaque jour.

Si, au contraire, il acquiert la conviction qu'il ne lui est donné aucun ordre qui n'ait été mûrement étudié, qui ne soit réellement nécessaire, il s'empressera de les exécuter tous de bon cœur. Et il considérera que les ordres sont bien étudiés et qu'ils sont nécessaires, s'il voit que son chef ne les perd pas de vue et s'assure de leur exécution.

Il faut donc donner le moins d'ordres possible, mais s'assurer, soit par soi-même, soit par des comptes-rendus, soit par un service de contrôle, que rien de ce qui a été ordonné n'est resté en souffrance.

Il y a lieu de prendre des dispositions particulières lors d'un changement dans le personnel. Dans ce cas, il arrive toujours que la consigne est passée d'une manière imparfaite et que certains ordres généraux ne sont pas transmis.

Il est bon que, dans chaque service, on tienne un dossier de tous les ordres importants, et que ce dossier soit revu à dates fixes pour en éliminer ce qui est devenu inutile.

Quand un chef donne un ordre, il doit toujours se demander si cet ordre est déterminé, naturellement, par des causes opérantes, ou s'il est destiné à réagir contre ces causes.

Dans le premier cas, une simple indication est seulement nécessaire ; dans le second, il est indispensable d'agir avec énergie pour parvenir à en assurer l'exécution.

Bien souvent, si cela est possible, au lieu de donner un ordre, il est préférable de modifier les causes qui peuvent le déterminer ou s'y opposer.

Dans toutes les organisations, il faut s'appuyer sur les lois du déterminisme. Il faut se souvenir qu'on peut s'en faire un puissant auxiliaire, mais qu'il est presque surhumain de réagir contre elles.

La discipline.

Un personnel qui s'efforce, dans toutes ses actions, de se conduire conformément aux désirs de son chef est un personnel discipliné.

La discipline se manifeste par des marques extérieures, mais une discipline superficielle est de peu de valeur.

La vraie discipline est celle qui est passée à l'état d'habitude. Elle est basée sur la confiance du personnel dans son chef, et, au besoin, sur la crainte de son autorité.

La doctrine de la nécessité de la discipline, qui était le principe même des règlements militaires, a été quelque peu battue en brèche au cours des dernières années,

La discipline n'est rien, disait-on, c'est le consentement personnel qui importe ! C'est parfaitement exact tant que le consentement personnel existe, et alors il se manifeste par la discipline.

Dans l'armée on doutait de l'importance de la discipline au début de la guerre. « Qu'importe la discipline, disait-on, pourvu que les soldats marchent ». Les résultats ont été très nets. Si tout le monde a largement fait son devoir, les corps dans lesquels régnait une stricte discipline ont certainement été les plus admirables.

Les résultats sont tout aussi nets dans l'industrie. Les usines dans lesquelles chacun agit à sa guise, suivant, fatalement, la loi du moindre effort, ont un rendement qui est loin de pouvoir se comparer à celui des usines où tout est réglé, ordonné, où tout est à sa place et où il y a une place définie pour chaque homme, où l'ouvrier marche d'accord avec son patron et sait se plier à ce qui lui est ordonné, persuadé que c'est en obéissant qu'il agira le plus conformément à ses intérêts.

L'esprit d'indiscipline est né de l'accroissement de l'individualisme.

Il s'est attaqué à toutes les institutions fondamentales de la société. Il menace la constitution de la famille, il s'est répandu jusque dans l'Eglise sous la forme du modernisme.

Les événements ont remis les choses à leur place

et ont montré d'une manière saisissante la petite place tenue par l'individu dans la société.

La nécessité de la discipline ne peut plus se discuter, ce sont les moyens de l'obtenir que l'on doit étudier sérieusement.

Ils ne sont pas les mêmes pour toutes les catégories du personnel. On ne conduit pas des mercenaires comme des volontaires, des troupes de l'arrière comme des troupes de choc, des équipes embauchées de la veille comme de vieux compagnons d'atelier.

Les ouvriers de l'industrie se font avec la plus grande facilité à la discipline collective. Dans leurs associations, la discipline est de fer, et chacun y obéit.

Les habitants de la campagne et les agriculteurs qui observent, peut-être, une plus grande discipline personnelle, se plient mal à la discipline collective.

Alors que j'habitais une localité du Nord, dont une moitié était des ouvriers d'usine et l'autre moitié des cultivateurs, j'avais contribué à l'organisation d'une Société de gymnastique et de préparation militaire. J'avais pu réunir 120 jeunes gens disciplinés, énergiques, enthousiastes qui me donnaient toute satisfaction.

Mais, alors que les jeunes ouvriers étaient très exacts et ne manquaient des réunions que quand ils faisaient partie de l'équipe de nuit, je n'ai jamais pu obtenir la moindre régularité de la part des jeunes agriculteurs qui, pour la plupart, s'égrenèrent peu à peu et laissèrent la place à des ouvriers,

Un chef doit toujours se sentir maître de la discipline dans le groupement qu'il commande. Il peut, à certains moments, permettre à la discipline d'être moins stricte, mais juste dans la limite où il le juge utile. Ce relâchement doit provenir de ce qu'il a donné des ordres moins stricts, et non de ce que ses ordres ne sont pas exécutés strictement.

Dès qu'il voit que son personnel « gagne à la main », il doit réagir sans tarder, sous peine de voir son autorité diminuer immédiatement et bientôt disparaître. Les mauvaises habitudes, une fois qu'elles sont prises, sont bien difficiles à déraciner.

Les sanctions.

Il est difficile de maintenir la discipline sans appliquer parfois des sanctions.

Une sanction, pour avoir toute sa valeur, doit être juste. Elle doit être de nature à rappeler la faute à laquelle elle s'applique et proportionnée à elle.

Son but est de frapper l'esprit de celui qui en est l'objet, de créer en lui des réflexes et aussi de servir d'exemple à ceux qui l'entourent.

La sanction doit être immédiate. Une peine différée perd sa valeur et irrite un homme à qui elle est appliquée alors qu'il a déjà cherché à s'amender.

La sanction doit faire, à celui qui en est l'objet, l'impression d'être une conséquence naturelle de sa faute, d'être l'effet d'une loi inéluctable,

Celui qui punit doit regretter, réellement, d'être dans l'obligation de sévir.

Il ne doit pas donner à son inférieur l'impression qu'il a du parti-pris contre lui, et encore moins l'inciter à croire qu'il l'attendait, qu'il le cherchait.

Une sanction infligée mal à propos peut avoir un résultat tout à fait contraire à celui qu'on en espérait. Un homme qui se croit en butte à la malveillance de ses chefs ne tarde pas à s'aigrir, à perdre scn énergie et son activité, à ne plus produire ; souvent il devient, à bon droit, un révolté ; son influence sur ses camarades peut être alors désastreuse.

Il est quelquefois utile qu'un chef paraisse en colère, alors qu'il ne l'est réellement pas ; mais il ne faut jamais punir quelqu'un ni prendre une décision grave sous l'influence de la colère.

La punition demande à celui qui la donne beaucoup de réflexion et de tact. Il ne faut pas agir trop vite. On peut dire à un homme : « Vous serez puni » dès la constatation de sa faute, mais on doit bien se garder de fixer immédiatement la punition.

Après un moment de réflexion, on serait tenté de l'augmenter ou de la diminuer, ce qui serait, dans les deux cas, extrêmement pernicieux.

Les sanctions les plus employées dans l'industrie, au titre de punition, sont : l'exclusion, la mise à pied, l'amende et la réprimande.

Ces sanctions ne doivent pas s'appliquer indifféremment à tout le monde. Les uns seront très touchés par une simple réprimande alors que d'autres resteront presque indifférents à une punition plus grave.

La réprimande doit être nette, énergique, convaincue. Il faut, en la donnant, éviter en principe la colère. Toutefois, il est des cas où l'on doit laisser percer son indignation, son extrême mécontentement.

Il faut être prudent et ne pas prendre l'habitude de faire trop souvent des réprimandes violentes. Les hommes s'habituent aux « coups de g... ». Ils laissent passer l'orage et n'en tiennent aucun compte. Certains, même, pourraient renvoyer la balle et se montrer plus habiles que leurs chefs à manier les grossièretés. Tous les industriels n'ont pas la maëstria de celui dont nous parle J.-F. Fraser dans l'Amérique au Travail, qui, après avoir eu une altercation des plus vives avec un de ses ouvriers, fit remarquer, au visiteur stupéfait du procédé, que si l'ouvrier avait été grossier, il avait su lui rendre largement la monnaie de sa pièce.

La réprimande, comme punition, vaut autant par celui qui la donne que par la manière dont elle est donnée.

On doit poser, en règle générale, que les chefs ne doivent pas être réprimandés en présence de leurs hommes ; il est quelquefois bon que le personnel sache que son chef a été réprimandé ; il est même des cas extrêmes dans lesquels la réprimande, faite en présence du personnel, s'impose.

Taylor a fait, avec sa méthode et sa précision habituelles, une étude sur l'effet des punitions sur les ouvriers.

Voici le résumé que nous en donne M. H. Le Chatelier (1) :

« Désirant connaître le meilleur procédé à employer pour reprendre un ouvrier en faute, F. Taylor essaya d'abord la réprimande simple et courtoise, comme elle doit se pratiquer entre gens bien élevés, et il nota la proportion d'ouvriers sensibles à ces réprimandes. Plusieurs n'en tinrent aucun compte, certains même se moquèrent de leur chef, attribuant sa politesse à de la pusillanimité. Il mit ensuite plus de brutalité dans ses reproches, employant des formes de langage fréquentes entre ouvriers, et il recommença son pointage. Cette fois, il froissa un certain nombre de ses ouvriers, mais obtint plus facilement l'obéissance de quelques autres. Un petit nombre restèrent insensibles à toute espèce de reproches.

« Finalement il déduisit de ses expériences la règle suivante : faire toujours le premier reproche à un ouvrier doucement, et, s'il obéit, conserver par la suite la même attitude avec lui. S'il n'a pas tenu compte des premières observations, lui parler rudement à l'avenir. Enfin, si cela ne suffit pas, le menacer de le renvoyer à la troisième observation et ne pas hésiter, s'il y a lieu, à passer des paroles aux actes. Bien peu d'ouvriers résistent à cette progression dans les reproches.

« Mais, la suite de son étude expérimentale le con-

(1) H. Le Chatelier. F. W. Taylor. Organisation scientifique. (Revue de la Métallurgie).

duisit à donner la préférence aux amendes sans aucun reproche, l'importance de l'amende étant proportionnée à la gravité de la faute. C'est là le moyen d'action le plus efficace sur les ouvriers, et aussi le moins désagréable à employer. Il faut cependant prendre certaines précautions. »

En réalité, les amendes demandent le plus grand tact. En principe elles doivent n'être appliquées que par le directeur lui-même ou par le chef d'atelier, d̓ ̣s les usines très importantes, sur le rapport des contremaîtres.

Elles doivent, en outre, être versées dans une caisse spéciale et affectées à une œuvre quelconque de solidarité contrôlée par les ouvriers eux-mêmes.

La mise à pied n'est pas à recommander. C'est un moyen peu moral de punir un travailleur que de lui interdire de travailler. C'est en outre un moyen peu certain car beaucoup d'ouvriers ne sont pas fâchés de disposer de quelques jours pour se livrer chez eux à leurs occupations favorites ou simplement pour se laisser aller à la paresse et s'adonner à la boisson.

La mise à pied frappe durement les bons ouvriers et elle est inopérante sur les mauvais. Enfin il arrive souvent que des ouvriers mis à pied en profitent pour chercher et trouver du travail ailleurs.

L'exclusion s'impose dans les cas graves ; il faut se débarrasser des non-valeur, des mauvais esprits, des indisciplinés.

L'exclusion doit, en règle générale, être définitive.

Il ne faut reprendre un homme qui a été exclu que si, après un temps assez long, les renseignements que l'on a sur lui prouvent qu'il s'est amendé.

Souvent des hommes, à la suite d'un léger mécontentement, déclarent d'eux-mêmes s'en aller.

Au bout d'une ou deux semaines d'essai dans une autre usine, ils regrettent leur départ et se présentent à l'embauchage pour se faire réintégrer.

Il faut éviter de les reprendre de suite, car le pli serait pris et, à chaque réprimande, ou chaque fois que le travail ne leur plairait pas, leurs camarades tenteraient de les imiter et d'aller voir ce qui se passe ailleurs.

L'homme qui a quitté une usine sur un coup de tête ne doit pas être mis au ban de cette usine, mais il est bon de fixer un laps de temps avant lequel il ne pourra pas être repris.

La meilleure des sanctions est celle qui résulte d'une organisation telle que quand un homme commet une faute, il soit automatiquement lésé dans ses intérêts.

Dans tous les cas, le chef doit savoir que les meilleures bonnes volontés, si elles ne sont pas entretenues par la prime, l'appât du gain, d'un avancement ou par une influence morale *constante*, ne peuvent durer, car il serait surhumain qu'un homme eût le moral constamment élevé, et les meilleures volontés sont soumises à des défaillances.

Il arrive un moment où l'homme le mieux disposé se dit « à quoi bon ? » et se laisse aller. Il faut alors que, *de suite*, le coup de fouet matériel ou moral vienne l'obliger à repartir. Et, une fois remis en route, l'homme qui a eu cette défaillance sera le premier à le regretter.

L'encouragement. L'amour-propre.

Il est des hommes que la crainte d'une punition peut seule empêcher de s'écarter de leur devoir.

Il en est heureusement un bien plus grand nombre qui sont prêts à tout faire pour mériter des félicitations ou une distinction.

« Certaines natures, dit Xénophon, ont autant besoin de louange que de boire ou de manger (1) ».

Jamais, autant que pendant cette guerre, on n'a vu quels puissants leviers peuvent être les félicitations adressées par un chef à ses hommes, les citations en exemple d'un soldat à ses camarades.

On dira que le moral du soldat qui se bat pour une idée est tout autre que celui de l'ouvrier qui travaille pour gagner sa vie ; il ne faudrait pas en conclure, on l'a déjà vu, que chez ce dernier le moral n'ait pas la plus grande importance et ne mérite pas la plus grande attention.

Nous insistons encore d'une façon toute particulière sur ce point qui a été beaucoup trop négligé dans l'industrie.

Nous avons montré que, s'il l'a été, c'est peut-être au nom de la liberté individuelle, en raison de la latitude laissée à l'ouvrier d'agir à sa guise dès qu'il est sorti de l'usine.

(1) Xénophon. *De l'économie.*

Nous avons montré aussi qu'il y a une heureuse tendance chez les ouvriers à revenir sur cette idée fausse de leurs droits et chez les industriels à sentir qu'ils ont charge d'âmes.

Il faut donc agir sur les hommes autant par le levier moral que par le levier matériel ; et la louange, l'encouragement, constituent un très puissant levier moral.

Bien des hommes se laissent aller au découragement quand ils se rendent compte que, malgré leurs efforts, ils ne parviennent pas au but qu'ils se sont fixé. Ils se croient inférieurs à leur tâche et ils le deviennent effectivement.

Leur état d'esprit les rend inaptes à un travail intense et à un rendement utile.

Une punition aurait sur eux l'effet le plus déplorable ; un encouragement, un éloge qui peut n'être pas toujours entièrement mérité, fera d'eux des hommes nouveaux.

Leur équilibre sera rétabli et il en résultera un regain d'activité et une augmentation très sensible de leur faculté de production.

Il ne faut pas, toutefois, user de la louange comme d'un moyen infaillible pour réveiller les énergies. Il faut savoir l'employer avec tact.

Exagérée, elle perd une partie de sa valeur ; inférieure au mérite, elle a une valeur négative.

On peut dire que la louange n'a de valeur qu'autant que celui qui la reçoit n'a pas entièrement conscience de son mérite.

Par l'excès dans les éloges, on peut amener un homme à se croire trop supérieur aux autres et absolument indispensable. Il en résulte chez lui de la vanité, des prétentions qui le rendent insupportable. Il finit par croire que ses mérites sont encore supérieurs à ce qu'on en reconnaît et il peut ainsi arriver à tomber dans le découragement.

On recommande dans le dressage des chevaux la méthode appelée « rendre et reprendre ». Cette méthode convient également bien à la conduite des hommes.

La rigueur constante est fatigante pour le chef, odieuse pour ses inférieurs. Le laisser-aller continuel donne, de son côté, les plus mauvais résultats, d'autant plus que le laisser-aller, fils de la paresse, ne connaît pas de bornes. Il conduit directement à l'incurie, à l'indiscipline, à la chute rapide d'une maison.

Un chef doit indiquer bien nettement à ses inférieurs ce qu'il désire obtenir d'eux, ce qu'il leur permet et ce qu'il leur défend.

Il doit s'assurer que chacun est bien fixé sur ses droits comme sur ses devoirs.

Cela fait, il doit exercer une surveillance rigoureuse et ne rien laisser passer.

Tant qu'il constate chez ses subordonnés de l'activité, de l'initiative, de l'entrain, il peut être fondé à croire que tout va bien ; mais dès qu'il s'aperçoit que l'une de ces qualités semble décliner, il ne doit pas hésiter à faire sentir son autorité, à faire quelques exemples salutaires.

Ces remises en main doivent être faites sans brutalité : elles doivent être le fruit d'une volonté réfléchie et non le résultat d'un accès de mauvaise humeur.

Pour y procéder, il faudra choisir de préférence les moments de calme. Le personnel n'étant pas surmené se pliera très facilement aux volontés de son chef.

Parmi les manières de stimuler l'amour-propre chez les ouvriers, il semble intéressant de citer celle que signale Thompson dans : « Salaires comme stimulants de la production » : « Dans une usine on a créé une Société comprenant seulement les employés gagnant régulièrement la prime de 30 0/0. C'est un honneur d'être reçu dans cette Société. Ailleurs on publie dans les prospectus de la maison les portraits des employés qui ont rendu le plus de services..... »

Certains autres industriels reçoivent à leur table les ouvriers qui se sont le plus distingués, d'autres leur donnent des primes qui les mettent en lumière, etc.

Le but de toutes ces méthodes est le même : arriver à ce que l'ouvrier tire vanité de son habileté ou de sa puissance de rendement.

CHAPITRE X

LES SALAIRES

Généralités.

Les salaires constituent le plus puissant des moyens d'actions qu'un chef d'industrie puisse avoir sur ses ouvriers et ses employés.

Un bon tarif de salaire peut à lui seul et sans autre intervention relever largement la production, et augmenter le rendement d'un atelier ou d'une industrie. Le tarif de salaires agit automatiquement, il a ses propriétés propres, son action est indépendante de celle des chefs.

L'utilité d'un système de salaires bien étudié se fait d'autant plus sentir que l'industrie est importante et son personnel nombreux.

Ici, les ouvriers ne sont pas, comme chez le petit patron, entre les mains d'un seul homme réunissant tous les droits et tous les devoirs, voyant tout, surveillant tout, sachant tout.

Le directeur d'une Société, le chef d'une industrie a au-dessous de lui d'autres chefs, des ingénieurs, des chefs d'atelier, des contremaîtres dont l'autorité doit être fortifiée dans toute la mesure possible et à qui il est d'autant plus difficile d'exige, de l'ouvrier l'effort maximum, sans avoir recours à des stimulants, qu'il en a davantage sous ses ordres.

On a vu qu'il ne faut pas négliger les stimulants qui s'appliquent au moral de l'ouvrier. Nous nous sommes efforcés de montrer que l'ouvrier n'est pas une machine ; qu'il est un homme comme son chef et qu'il a, comme lui de bons et de mauvais sentiments; qu'il faut savoir lutter contre les mauvais et encourager les bons.

Mais, si l'ouvrier s'est enrôlé dans cette Société qu'est l'atelier, son but principal est de gagne, sa vie, et quand sa vie est gagnée, de gagner le superflu qui rendra sa vie agréable.

Le stimulant qui intervient alors pour lutter contre la paresse, contre la loi du moindre effort et pour augmenter le travail, c'est l'appât d'un gain plus élevé.

L'ouvrier doit se rendre compte, et on semble en bon chemin pour y parvenir, que ses intérêts sont les mêmes que ceux de son patron.

Les conditions spéciales de certaines industries pendant la guerre ont montré que seul le patron qui a de gros bénéfices peut consentir à ses ouvriers des salaires très élevés ; et que les ouvriers peuvent demander des salaires d'autant plus élevés que leur patron fait des bénéfices plus importants.

On a vu aussi que l'activité, l'ardeur au travail des ouvriers stimulés par l'idéal et par l'appât du gain, augmentaient dans de notables proportions les bénéfices d'une affaire, et qu'une certaine part de cette augmentation devait lui revenir.

Pour qu'une industrie ait de la vie, il faut que les intérêts du patron et ceux de tous les employés et ouvriers soient les mêmes. Il faut que si les affaires réussissent, cette réussite ait pour résultat immédiat une amélioration de la situation matérielle du personnel.

La première idée qui se présente à l'esprit est de payer les ouvriers au prorata des bénéfices de l'affaire. « On ferait deux parts de ces bénéfices, disent les utopistes; l'une irait au capital, l'autre serait partagée entre ceux qui travaillent. »

Une telle conception est, malheureusement, impossible à réaliser : on ne se rend pas suffisamment compte, dans les milieux où l'on s'occupe de sociologie d'une manière trop théorique, qu'une affaire quelle qu'elle soit, industrielle, agricole ou commerciale, ne donne pas un rendement régulier, certain.

Les affaires les plus sûres et les mieux gérées présentent de grands aléas. Combien d'industriels qui avaient depuis longtemps des bénéfices réguliers ont vu, par suite d'une crise impossible à prévoir, ces bénéfices remplacés, tout d'un coup, par de grosses pertes !

Les ouvriers ont besoin de leur pain de chaque jour ; ils ne peuvent attendre pour manger, pour se vêtir et pour se loger que leur usine fasse des bénéfices ; en outre, ils ne pourraient pas participer aux pertes.

D'ailleurs, il arrive souvent que les bénéfices d'une

affaire, et surtout la part des bénéfices qui revient au capital, soient très petits relativement aux salaires payés.

Il est donc nécessaire de se limiter, dans la répartition des bénéfices, à une part qui vient, comme stimulant, s'ajouter à un salaire ou à un traitement fixe qui assure la vie quotidienne.

Pour le haut personnel, ce supplément peut être basé directement sur les résultats financiers de l'affaire ; le résultat de cette méthode sera d'inciter ce personnel à s'attacher à l'abaissement des prix de revient, à l'économie des matières premières, à une utilisation meilleure des sous-produits, à de meilleurs procédés de fabrication.

Pour les ouvriers, cette méthode est très difficile à établir, et elle demande une organisation des plus spéciales. Elle a été réalisée dans certaines industries et y a donné d'ailleurs les meilleurs résultats (1).

Le supplément de salaire à leur attribuer à titre de stimulant est en règle générale établi d'après la production.

Nous allons passer rapidement en revue les systèmes de salaire actuellement employés en nous attachant à montrer la supériorité de certains systèmes modernes.

---

(1) Voir Iron Age. Système de participation aux bénéfices employé à l'usine « Hydraulic Pressed Steel Company » (Cleveland-Ohio).

Les systèmes de salaires.

Le salaire *à la journée*, ou à l'heure, paraît donner satisfaction au droit à la vie, pour l'ouvrier et pour sa famille, quel que soit le travail qu'il fournit.

Malheureusement, le mauvais ouvrier y trouve surtout la satisfaction du droit qu'il s'attribue à la paresse.

Il faut, pour qu'un salaire soit admissible, que tout en donnant satisfaction au droit très légitime de l'ouvrier à la vie, il lui permette de lutter utilement dans son intérêt même, aussi bien que dans l'intérêt de son industrie, contre la tendance générale qui pousse l'homme au moindre effort.

Le salaire *aux pièces*, s'il était appliqué dans toute son intégrité, amènerait l'ouvrier à travailler sans arrêt jour et nuit, jusqu'à se tuer. L'appât est trop puissant.

Il existe en réalité entre patron et ouvriers un véritable compromis qui fait rentrer les choses dans des limites possibles. Mais ce compromis même enlève au système toute sa valeur industrielle sans enlever la mauvaise impression qu'il fait aux ouvriers qu'il semble entraîner fatalement à une déchéance physique et morale.

Le salaire aux pièces est comparable à une machine trop puissante pour l'effort qu'elle a à fournir, il faudrait constamment la freiner pour l'empêcher de s'emballer et de se briser. Ce serait là une machine bien mal étudiée ; une bonne machine doit toujours être auto-régulatrice. On y parvient dans une certaine mesure en employant les méthodes de salaires avec primes.

Le principe des primes est vieux comme le monde : c'est celui qu'a adopté le premier pasteur qui, après avoir nourri son fils et la famille de son fils, lui donnait en plus une brebis pour l'inciter à mieux travailler encore.

L'adoption de ce principe dans nos usines est pourtant toute récente et elle n'a été faite qu'à l'exemple des Américains qui ont établi les règles scientifiques des systèmes de primes.

Un grand nombre de systèmes ont été conçus et essayés sous divers noms ; nombreux sont les articles de revues, les comptes-rendus de Sociétés qui nous les font connaître. Nous n'en citerons qu'un certain nombre, ceux qui sont les plus caractérisés et qui, pour cette raison, ont fait école.

Le *système Willans* comprend deux parties : une partie fixe qui est intégralement payée à l'ouvrier quelle que soit la quantité de travail qu'il ait fournie et une partie variable qui croît proportionnellement au nombre des pièces produites.

On fixe à l'ouvrier un certain nombre minimum de pièces qu'il doit faire dans sa journée : étant donné le prix de sa journée, il en ressort un certain prix pour chaque pièce. Ce prix est dit prix de base. Chaque pièce supplémentaire que fera l'ouvrier au delà du nombre fixé lui sera payé 1/2 ou 1/3 ou 1/4 du prix de base.

Ce tarif a l'avantage, tout en garantissant à l'ouvrier une bonne journée, de l'inciter à travailler, sans toutefois le tenter d'une manière exagérée.

Le *système Rowan* est basé sur le même principe, mais l'appât du gain diminue au fur et à mesure que la production augmente. La bonification est de 1/2 par exemple du prix de base pour un certain nombre de pièces faites au-delà du nombre fixé, 1/4 pour le même nombre au-delà, 1/8 pour le même nombre au-delà. Ainsi l'appât du gain subsiste complètement pour un effort modéré et raisonnable, ce gain diminuant quand l'effort devient exagéré, l'ouvrier n'a plus d'intérêt à dépasser la limite de ses forces.

Le *système Halsey* inventé par l'éditeur de la revue « American Machinist » procède d'un principe différent : On n'y fixe pas, pour un travail donné, une somme d'argent, mais *un temps*. Ce temps est payé à l'ouvrier au prix auquel ce dernier a été affûté. Halsey applique à son système des primes, dans les mêmes conditions que Willans : pour un certain nombre de pièces il fixe un certain temps à l'ouvrier. Si l'ouvrier arrive à faire son travail en moins de temps, il est payé d'une partie du temps qu'il est parvenu à économiser. Par exemple : un ouvrier tourneur a 100 rondelles à faire en dix heures. S'il les a terminées en six heures, on lui paye ces six heures, plus la moitié de l'économie de temps (deux heures), soit en tout huit heures. Il aura donc été payé de huit heures pour six heures de travail, ce qui revient, en somme, à lui régler, pour ses six heures, une prime égale au prix de deux heures de travail.

Par contre, avec le système Halsey, si en dix heures cet ouvrier n'était parvenu à faire que 80 ou même 70 ou même encore moins de rondelles, il serait néanmoins payé de ses dix heures de travail, sans aucune retenue.

On voit de suite les nombreux avantages de ce système :

Satisfaction donnée à l'ouvrier qui peut, dans son budget, tabler sur un salaire fixe minimum ;

Equilibre automatique du prix de revient de la pièce; un bon ouvrier payé à un taux élevé devant, par cela même qu'il est bon ouvrier, faire plus de pièces dans le même temps qu'un ouvrier médiocre, tout en les faisant mieux ;

Possibilité de modifier le prix de revient sans modifier les bons de marchandage, mais simplement en faisant exécuter le travail, une fois qu'il aura été mis en train, par des ouvriers moins payés qui y trouveront leur avantage. Possibilité de faire travailler en collaboration plusieurs ouvriers de valeur différente, la prime qui leur est payée étant proportionnelle à leur valeur, donc à leur rendement.

Ce système a été adopté en France dans les usines les plus modernes. Je l'ai employé dans les ateliers de construction que je dirigeais. Il paraît être celui qui a donné chez nous jusqu'ici les meilleurs résultats, aussi bien au point de vue industriel qu'au point de vue social.

Le système *à la tâche fixe* qui est assez peu employé chez nous dans la grande industrie paraît jouir d'une faveur toute récente en Amérique. Dans ce système, l'ouvrier reçoit l'indication de la tâche qu'il a à accomplir jour par jour, heure par heure, minute par minute ; on n'admet pas qu'il ne l'accomplisse pas tout entière et on ne lui demande pas d'en faire davantage.

Bien entendu, ce n'est qu'après une étude très approfondie du travail à exécuter et de ses conditions d'exécution que l'on peut arriver à obtenir un bon résultat, mais à en croire les auteurs américains, les résultats sont merveilleux. On connaît ceux qui ont été obtenus, en particulier aux usines Ford, où la tâche est amenée mécaniquement à chaque ouvrier qui se trouve matériellement forcé de l'exécuter en temps voulu. Dans de telles conditions, l'ouvrier n'a plus à se préoccuper de sa production, il n'a qu'à accomplir le travail qui lui est demandé, au fur et à mesure qu'il se présente à lui.

Puisque nous avons été amenés à parler des usines de M. Henry Ford, il est intéressant d'attirer l'attention sur son système de « partage des bénéfices ». Il ne faut d'ailleurs pas prendre ce terme dans son sens réel. Ford paie à chacun, pour son travail, le salaire qui lui est dû ; mais, en outre, il paie à certains ouvriers une prime qu'il appelle « part dans les bénéfices ». Cette prime ne dépend en rien de la production à l'atelier, elle est donnée uniquement aux ouvriers laborieux, qui mènent une vie régulière, vivent en famille, habitent des logements salubres, sont propres sur eux-mêmes, ne s'enivrent pas, ne font pas de dépenses inutiles, tiennent un compte exact de leur petit budget, soutiennent leurs vieux parents, s'occupent de leur mieux de l'éducation et de l'instruction de leurs enfants, et enfin, épargnent pour leurs vieux jours. Au besoin les ouvriers peuvent passer quelque temps dans une école où on leur apprend comment s'y prendre pour réaliser tout cela. La direction s'assure de la régularité de la vie des ouvriers et de l'obéissance à tous ces principes au moyen d'inspecteurs qui passent dans les maisons, et qui font, s'il en est nécessaire. des remarques ou donnent des conseils utiles.

En résumé, il s'agit là plutôt d'une œuvre sociale et humanitaire que d'une méthode industrielle et Ford affirme bien haut que son but est de former des hommes et non de construire des automobiles.

Dans tous les cas, les merveilleux résultats qu'il a obtenus et qui sont uniques au monde prouvent une fois de plus que celui qui se dévoue au bonheur, au bien-être, à l'élévation physique et morale de ses ouvriers, fait de son temps et de son argent un excellent placement.

Beaucoup de patrons français pourront méditer utilement sur ses résultats et lire avec intérêt la Conférence de M. Samuel S. Marquis : Les Idées de Ford en éducation.

Il importe de signaler aussi dans cette étude rapide le *système Gantt* qui paraît avoir une très haute portée, aussi bien au point de vue social qu'au point de vue industriel (1).

Le principe du système Gantt est la tâche fixe. Tout ouvrier qui parvient à accomplir sa tâche touche une prime, qui s'élève d'ordinaire de 25 à 50 0/0 du temps alloué pour la tâche.

On n'admet aucune excuse pour un temps supérieur au temps fixé ; la prime, le « bonus » est perdu, un point, c'est tout.

Une particularité intéressante de ce système est que les contremaîtres reçoivent, outre leur salaire, un « bonus » proportionnel au nombre d'hommes qui ont droit à leur prime, et une deuxième récompense si toute leur équipe a droit à la prime.

Gantt estime que l'idée de tâche et de prime donne aux ouvriers des habitudes de travail et de coopération. Ce système force chacun à faire son devoir ; il n'a pas égard aux personnes ; c'est non seulement le droit mais le devoir du travailleur de signaler tout ce qui l'empêche de gagner son bonus, alors même que la faute en remonte à ses chefs. « Dès que 25 0/0 des ouvriers travaillent au bonus, ils prennent un ascendant tellement considérable sur leurs camarades qu'un esprit de coopération étonnamment fort tend à se développer.

(1) H.-L. Gantt. Travail, Salaires et bénéfices. (*Compte rendu* par M. Nusbaumer). Dunod et Pinat.

Cet esprit bénéficie à l'employeur en lui donnant :
Plus de travail ;
Un meilleur travail,
Du travail meilleur marché.
Il bénéficie aux employés en leur assurant :
Des salaires plus élevés ;
Une plus grande habileté ;
De meilleures habitudes ;
Plus de plaisir et d'orgueil à leur travail.

On le voit, un grand nombre des conditions nécessaires pour résoudre le dilemme de la question ouvrière sont ici réalisées.

Gantt cite un grand nombre d'usines de métallurgies, de filatures, blanchisseries dans lesquelles son système a donné les meilleurs résultats.

Nous ne connaissons pas encore, en France, d'industrie qui ait adopté ses méthodes. Il serait pourtant intéressant d'en faire chez nous quelques essais.

Sans être réellement un salaire, certaines primes payées aux ouvriers viennent s'ajouter très utilement au prix de leur travail : les primes d'économie de charbon ; d'économie de vapeur ; d'économie de marchandises diverses ; d'inventions ou d'idées ; d'assiduité, etc., sont d'un aussi bon effet sur le moral des ouvriers que sur les bénéfices d'une industrie.

Il ressort de toutes ces méthodes modernes la nécessité pour le patron de faire préalablement de très longues études des conditions du travail, et une fois ces études faites et des conclusions prises, de les imposer à son personnel. Chacune de ces difficultés, la dernière plus encore que la première, a longtemps arrêté les industriels.

L'industriel d'autrefois avait cru que son devoir était fait quand il avait consacré tout son temps et toutes ses forces personnelles à des organisations et à la besogne journalière.

Au fond, s'il n'avait pas réellement cédé à la paresse, il avait donné prise à la loi du moindre effort : il avait pratiqué la règle que Taylor appelle « la règle au pouce et à l'œil », avait négligé les précisions et omis complètement l'étude élémentaire des temps.

Ce n'est pas une chose nouvelle chez nous que l'étude élémentaire des temps ; elle avait été merveilleusement faite dans l'armée où comme dans l'industrie de nos jours il s'agit de faire exécuter parfaitement en peu de temps, à des hommes qui n'y sont pas préparés, des mouvements très difficiles.

On s'est moqué de ces méthodes, qui donnaient les meilleurs résultats dans le maniement d'armes et aussi dans les manœuvres du canon, des chevaux, des véhicules, des chemins de fer, des bateaux, etc. On s'en est moqué, et personne n'a songé à en tirer parti ! il a fallu que les étrangers les inventent à nouveau et les importent chez nous comme le meilleur facteur du succès.

Cet esprit d'à peu près avait envahi nos états-majors au début de cette guerre. La préparation de nos batailles et de nos offensives a été faite un peu, trop

« au pouce et à l'œil » et on sait que les résultats n'en ont pas été ce que l'on attendait.

Ce n'est que le jour où le commandement s'est résolu à une étude détaillée, secteur par secteur, du terrain et de ses défenses, que l'on a pu établir d'une manière précise le nombre d'hommes, le nombre de mitrailleuses et d'obus nécessaires pour réduire chaque mètre de terrain et, cette fois, les résultats ont dépassé les espérances.

Il faut se plier à cette nécessité peu agréable et peu intéressante, qui répugne aux esprits superficiels. Rien ne doit être laissé au hasard ; une machine, pour aussi autorégulatrice qu'elle soit, doit être étudiée exactement en vue du résultat à obtenir.

L'introduction, dans une industrie, d'une nouvelle méthode de salaires paraît une opération des plus difficiles ; elle est en effet très délicate et demande beaucoup de tact.

Il ne faut, d'abord, agir que lorsqu'on sait bien ce que l'on veut ; et pour l'étudier, il faut tenir le plus grand compte des facteurs : inertie et habitude. Il faut ensuite procéder avec méthode et très lentement au début.

On pourra commencer dans un atelier qui se prête mieux que les autres à la modification, autant que possible avec de bons ouvriers, intelligents, avec qui on aura préalablement causé de la question. Ils seront flattés de l'essai qui leur est confié et ils devront y trouver un avantage matériel. Sous ces deux conditions, ils seront très heureux de se prêter à l'expérience.

On peut d'ailleurs leur consentir en toute sûreté un avantage, car si la méthode a été bien étudiée, on doit être certain que son application amènera une augmentation de la production et un abaissement du prix de revient.

Bientôt l'atelier entier connaîtra les résultats obtenus et chacun demandera à faire partie des favorisés admis au nouveau système.

Si, dans certaines usines, l'adoption de nouvelles méthodes a amené des manifestations de mécontentement, c'est parce que ces méthodes ont été appliquées sans une préparation suffisante.

Les ouvriers déclareront excellente une méthode qui se traduira pour eux par une augmentation de la somme qu'ils auront à toucher à la fin de la semaine.

Mais si, par malheur, ce résultat n'était pas obtenu, le patron devrait, d'urgence, s'avouer qu'il a commis une grave erreur et remettre les choses dans la situation antérieure.

CHAPITRE XI

QUELQUES NOTES UTILES

A mauvais patron, mauvais ouvrier.

On a répandu cette boutade que s'il y avait de mauvais ouvriers, c'est parce qu'il y avait eu de mauvais patrons. Dans cette exagération, il y a un fond de vérité.

Bien des patrons ont posé en principe que l'argent qu'ils payent en salaires, en traitements, en commissions ou en primes était de l'argent prélevé sur leurs fonds personnels. C'est une grave erreur.

Un patron ne doit faire un contrat : contrat de travail, contrat de participation aux bénéfices, qu'après l'avoir bien étudié et être certain qu'il est avantageux pour le développement de son industrie.

Mais, cela fait et décidé, il doit être très heureux si, par leur travail, par leur adresse, ses ouvriers, ses employés, ses agents gagnent plus d'argent qu'il ne l'avait prévu, puisque, du même coup, il a lui-même des bénéfices qui dépassent ses prévisions.

Ceux qui ont rompu leur contrat dans de telles conditions ont fait preuve de courte vue et ont montré qu'ils étaient imbus de ce que M. Victor Cambon appelle « L'esprit de Boutique ». Ils ont compromis la confiance de leurs employés et ils ont semé dans le monde du travail des ferments de mésentente et de discorde.

M. Forest E. Cardullo place en vedette dans son étude sur les principales raisons d'insuccès industriels (1) « le mauvais système de rémunération du travail » et « L'Avarice de la Direction ».

« L'avarice, dit-il, pousse à réduire les gages, à employer des manœuvres au lieu d'ouvriers de métier, à acheter des matières premières de qualité inférieure, à vendre des produits de rebut. L'avarice conduit encore à s'opposer à toute dépense tendant à faciliter le travail, en particulier à la rémunération des employés nombreux nécessaires pour l'organisation scientifique du travail... Avec une pareille mentalité, il n'y a aucun progrès possible ».

L'avarice est donc loin, comme on l'a cru, d'être un élément de succès. Les industriels doivent considérer les dépenses faites pour des salaires ou une organisation comme des placements, les étudier à l'avance, savoir s'ils seront rémunérateurs et ne pas hésiter à le faire quand il y aura lieu.

C'en est donc fini de cette jalousie et de cette méconnaissance des intérêts réciproques du patron à l'esprit étroit qui ne pense qu'à pressurer ses ouvriers pour en tirer le maximum, sans se rendre compte que, par sa maladresse, il réduit sa production, mécontente son personnel et qu'il frappe son industrie d'une anémie incurable, en tuant sa poule aux œufs d'or.

____

(1) Forest E. Cardullo — Administration Industrielle et Organisation Scientifique — (Reproduit d'après « Machinery » par la *Revue de Métallurgie* — Avril 1915).

C'en sera fini aussi, par contre-coup, de cet état d'esprit des ouvriers qui, voyant que leur travail n'est pas récompensé comme il devrait l'être, se laissent gagner par le découragement, cèdent à la loi du moindre effort, font juste le travail qui leur est imposé pour ne pas être mis sur le pavé, ne s'intéressent en aucune façon aux résultats acquis par leur industrie, sachant trop que ces résultats, pour aussi bons qu'ils puissent être, n'auront aucune répercussion heureuse sur leur situation.

Dans cet état d'esprit, ils s'efforcent de faire durer le travail pour que l'industrie anémique traîne le plus longtemps possible avant de périr, et qu'ils soient assurés d'avoir pour quelque temps encore leur misérable gagne-pain.

Il faut que chacun soit pénétré de l'idée que le malthusianisme du travail est aussi néfaste que celui de la natalité. C'est en ces termes que Cardullo exprime cette idée (1) :

« Quiconque tend à limiter la production industrielle est aussi coupable envers l'humanité que s'il empoisonnait une source ou falsifiait des médicaments. »

Le recrutement. L'avancement.

On connaît la maxime « The right man in the right place ». L'art de choisir son monde, de donner à chacun

(1) Cardullo, *op. cit.*

l'emploi qui lui convient est, nous l'avons vu, l'un des plus précieux pour un chef.

Il demande une grande connaissance des hommes et une habitude qui ne s'acquiert que par l'expérience.

Il est nécessaire d'être bien convaincu que tous les hommes ne conviennent pas à toutes les places. On a longtemps considéré que, dans une bonne administration, un homme en valait un autre et qu'on pouvait sans inconvénient distribuer les emplois sans tenir aucun compte des capacités. On a poussé fort loin cette règle, et c'est ainsi, qu'en France, on choisit les ministres !

Il ne nous appartient pas de discuter la question du choix des ministres, mais nous n'hésitons pas à affirmer que dans l'industrie on obtient en agissant ainsi des résultats déplorables.

Avant d'affecter un homme à un emploi, il faut étudier son passé, connaître son caractère et ses aptitudes, deviner ce que l'on pourra tirer de lui. Il faut aussi que cet emploi ne soit pas contraire à ses goûts ; nous avons vu, en étudiant la spécialisation, qu'un homme ne fait vraiment bien qu'un travail qui l'intéresse, qui lui plaît.

Le plus souvent, le travail qui plaît à un homme est celui pour lequel il se sent des aptitudes spéciales, et aussi celui dans lequel en raison de son passé et de son instruction il se sent particulièrement compétent.

Certains hommes ont un rendement personnel important ; d'autres excellent dans l'art de faire exécuter du travail par leurs inférieurs. Les uns désirent un poste honorifique, d'autres un poste rémunérateur.

Le recrutement dans l'industrie se fait de nombreuses façons différentes qui varient avec la situation de l'industrie et le milieu dans lequel elle se trouve.

On peut avoir recours, dans une certaine mesure, aux élèves d'écoles professionnelles ou aux apprentis que l'on a formés, mais il est rare que l'appoint obtenu ainsi soit bien important.

On doit donc incorporer des hommes de toute origine, soit des nouveaux venus dans le pays ou dans l'industrie, soit des gens qui ont quitté des usines voisines par suite de renvoi ou par suite de chômage, soit des jeunes gens qui voyagent pour s'instruire, soit des vagabonds, etc.

Il est un très mauvais principe, qui est un des produits de « l'esprit de boutique » qui consiste à faire des propositions aux ouvriers de l'usine d'en face pour les attirer chez soi. Il doit y avoir entente entre des chefs d'industries voisines ; on doit entretenir des relations de bon voisinage ; et il est utile de faire une convention d'après laquelle un ouvrier qui quitte l'une des usines de son plein gré ne pourra pas être pris dans une autre avant un certain temps.

Il est très intéressant pour un chef d'usine de se faire présenter les hommes au moment où ils viennent demander à être embauchés.

Les ouvriers à l'embauchage, comme les recrues à l'incorporation, apportent avec eux un « je ne sais quoi » de leur vie passée qui fait qu'avec un peu d'habitude on ne se trompe pas sur leur valeur morale et que l'on sait ce qu'on peut attendre d'eux.

On tire en outre les plus précieux enseignements des causeries faites à ce moment.

Beaucoup de ces hommes ne disent pas, peut-être, l'exacte vérité, que l'on retrouve en s'aidant de leurs certificats, extraits des casiers judiciaires, etc., mais la plupart ont traversé des situations difficiles, ont vécu de ces heures pénibles par lesquelles on fait durement l'expérience de la vie.

Une question, peut-être plus importante encore que celle de l'admission d'un homme dans une maison, est celle de l'avancement.

L'espoir de l'avancement, la confiance dans son avenir, le désir de se faire bien noter est un des plus puissants stimulants pour tous ceux qui ont quelque ambition.

« L'ambition, dit très justement James Hartness (1), n'est pas une mauvaise chose, mais il ne faut pas que ce soit l'ambition seule qui qualifie pour l'avancement... »

« Les intrigues cessent quand la direction cesse de s'en occuper et conduit ses affaires en donnant à chacun l'impression que personne n'a la moindre chance de prendre la place de son voisin ; que chaque homme conservera sa place s'il s'applique raisonnablement à

____

(1) James Hartness, *Op. cit.*, p. 109.

prendre les intérêts de l'affaire et à bien faire le travail particulier qui lui est confié. »

Un avancement trop rapide, dans l'ensemble d'une affaire, risque d'amener à certains postes difficiles des hommes qui n'ont pas une compétence ou une expérience suffisantes.

Par contre, un avancement trop lent a une influence démoralisante et anémie l'activité de ceux qui se croient injustement retardés.

Ceci étant posé, on peut se demander s'il faut réserver tous les postes, à tous les degrés de la hiérarchie, à des hommes qui ont fait leur carrière dans l'affaire, ou s'il faut prendre des hommes ayant déjà quelque expérience et ayant occupé des emplois importants à l'extérieur.

On peut se demander aussi dans quelles limites on doit laisser les gens inamovibles dans leurs emplois et s'il faut les congédier à la moindre infraction ou les y conserver en raison de leur dévouement et de leurs services passés.

Tout ceci ne peut être résolu *a priori*. Il faut, dans chaque cas, bien examiner les circonstances, le passé de chacun, la situation de l'affaire, la possibilité de trouver au dehors de nouveaux agents.

Si l'on prend des agents supérieurs au dehors, il faut savoir bien exactement ce qu'ils ont fait et les raisons pour lesquelles ils sont libres ; on a une tendance générale à ne voir, chez celui que l'on congédie, que des défauts, et chez le nouvel arrivé que des qualités. Il faut bien se dire que ce dernier, comme tout homme, a des défauts et que c'est à cause de ses défauts qu'il n'a pas un avenir suffisant dans l'industrie qu'il a quittée ou qu'il va quitter.

En règle générale, l'inamovibilité des ouvriers et employés, le paiement au mois, la retraite assurée sont d'excellents facteurs pour conserver le bon esprit dans le personnel.

L'inamovibilité ne doit pourtant jamais être absolue.

On estime beaucoup, chez nous, « la vieille maison », celle qui a été léguée de père en fils, et qui peut indiquer, dans sa publicité, qu'elle date du milieu du siècle dernier.

Ç'est, évidemment, dans l'ensemble, un indice de probité commerciale et la preuve d'une bonne gestion. Tout cela est parfait pour un client ou pour un créancier.

Mais la lutte pour la vie ne se contente plus de ces défenses et, si l'on n'y prend pas garde, la vieille forteresse aura bientôt des murs démodés. Leur qualité, qu'ils datent de Vauban ou de Cormontaigne, ne les empêchera pas de s'écrouler sous les obus dernier modèle des maisons concurrentes de l'étranger.

Une affaire industrielle doit suivre les derniers progrès. Elle ne le peut qu'autant qu'elle reste en contact avec des éléments jeunes.

Par éléments jeunes, il ne s'agit pas de tous jeunes gens qui feront plus tard leur carrière dans la maison ;

c'est fort bien, mais cela ne suffit pas. Ce qu'il faut, ce sont, à tous les degrés de la hiérarchie, des agents encore jeunes, qui aient de larges vues sur le dehors, sur les idées nouvelles, sur le développement industriel, économique et social. Ces hommes doivent être, en même temps réfléchis, pondérés, instruits, et savoir aller franchement de l'avant sans se lancer à l'aveuglette dans des innovations coûteuses et dangereuses.

Nous ne devons plus vivre renfermés sur nous-mêmes, critiquant nos propres actions et nos propres méthodes, tout en admirant éperdument des qualités que nous supposons appartenir exclusivement aux étrangers. Nous avons beaucoup souffert, et nous souffrons encore de la gérontocratie. Il est temps que de plus jeunes prennent la direction des affaires, mais ces jeunes ne doivent pas être des ambitieux forcenés qui ne s'imposent que par leur outrecuidance ou par les services inavouables qu'ils rendent à des gens très puissants.

Ils doivent être choisis par des hommes sérieux et âgés qui leur laissent toute l'autorité sans leur marchander leurs conseils ni leur appui.

Il faut que dans toutes nos affaires, les ingénieurs, les chefs les plus haut placés, sachent qu'ils ne sont pas à l'abri d'une descente de classe ou d'une expulsion. Ils éviteront ainsi ce que nous appelons l'esprit administratif, terme impropre peut-être, mais qui caractérise bien les employés de nos administrations.

Il faut le répéter encore, on évitera d'être tenu d'en

arriver à ces extrémités si l'on rémunère de plus en plus les services par une participation dans les bénéfices.

Ce n'est que par ce moyen que sera réalisée la coopération intime du capital, de la direction et du travail dont dépend notre avenir industriel.

La philosophie de l'industrie.

Le rapprochement de ces deux mots : la *phi osophie* et *l'industrie* paraît à beaucoup de gens un défi au sens commun.

L'industriel, et son satellite l'ingénieur, n'ont pour eux d'autre idéal que l'argent. Ils vivent sans connaître les plaisirs intellectuels, ils exploitent brutalement l'humanité et ils sont incapables de comprendre les sentiments élevés, l'art, la littérature, la philosophie.

Ce sont des philistins dont le plus grand plaisir consiste à élever une cheminée de briques dans un joli paysage ou à remplacer une cascade pittoresque par des tuyaux en tôle.

On s'est livré dans ce sens à des exagérations que leurs auteurs ont dû reconnaître. L'école de Ruskin s'est appliquée à répandre, au nom de l'art, la haine du machinisme. Or, le maître lui-même, qui s'était opposé de toute sa force à l'établissement d'une voie ferrée à Ambleside, dans la pittoresque va'lée des lacs qu'il habitait, a avoué dans ses dernières années qu'il était l'un des hommes qui ont le plus usé des chemins de fer et que, sans ce mode de locomotion, il n'aurait jamais vu la plupart des choses qu'il a décrites et qui lui ont permis d'établir la base de sa religion de la beauté.

Certains industriels ont peut-être mérité des reproches, mais ce ne sont pas les meilleurs. Nous avons exprimé nous-même le désir que les écoles préparatoires à l'industrie aient des programmes plus classiques, plus littéraires. Mais, dès maintenant, il ne faut pas croire que tous les ingénieurs sont enclins à détruire ce qui est beau et à faire abstraction de tout sentiment élevé. Les constructeurs de machines savent qu'il leur est possible, dans leurs projets, de faire la part de l'esthétique et ils ne manquent pas de la faire, car ils ont appris que ce qui plaît à l'œil est en général bien équilibré, et remplit les conditions requises par de la bonne mécanique.

Ils savent aussi que les questions industrielles se présentent au premier chef sous un aspect philosophique : Étude personnelle de leur moi — étude des capacités nécessaires au directeur, aux ingénieurs, aux chefs d'atelier, aux ouvriers, étude de leurs rapports mutuels, conduite du personnel, rapports entre le capital et l'industrie, entre les industriels et les ouvriers, sanctions du travail, etc.

Écoutons ce que nous dit Georges Valois dans un ouvrage sur « la Philosophie de l'autorité » (1).

(1) Georges Valois. *L'homme qui vient. Philosophie de l'Autorité.* (Nouvelle Librairie Nationale).

« Être ou ne pas être demeurera toujours la vraie question. *Agir* demeurera toujours le vrai fait. Et c'est encore une loi de la nature que l'homme ne vaut que par la capacité qu'il a de faire de l'argent, c'est-à-dire de tirer du sol les choses nécessaires de la vie. Et toute la richesse acquise suppose cette capacité.

« Ce n'est ni la vertu du chant, ni la vertu de la science, c'est la vertu de la *foi* et de *l'effort*. L'essentiel n'est point de contempler le monde ou de le connaître, c'est de le transformer pour notre usage ; et c'est cela même qui est *l'œuvre du chef*. »

Laissons les cuistres, les écrivains et les pédagogues énoncer leurs idées creuses, vivre d'illusions avec leur mépris jaloux pour celui qui veut *agir*. Inventons des travaux, utilisons notre énergie personnelle et celle du plus grand nombre d'hommes, faisons-les vivre sans nous préoccuper de l'argent qui n'est que du travail accumulé et qui viendra par surcroît, « signe de la vraie capacité de l'énergie effective (1), », enrichir ceux qui travaillent.

L'École de la Guerre.

L'École de la Guerre a de tout temps été considéré comme la vraie école du chef.

Il nous est difficile, à nous qui en vivions il y a si peu de temps les péripéties, qui avons eu à lutter à la fois contre les efforts de l'ennemi, contre les éléments

(1) Georges Valois, *op. cit.*

contre les privations et la fatigue, et aussi contre notre
propre nature, de comprendre toute l'étendue des
enseignements que la guerre peut nous donner.

Jamais on n'a réuni de semblables masses d'hommes.
Leurs chefs ont dû s'occuper de tout ce qui concerne
leur bien-être matériel et leur élévation morale. Jamais
on n'a fait appel à autant de branches de l'activité
humaine, et si toutes les sciences exactes ont concouru
à la guerre, elles n'ont été placées qu'au second rang,
et comme adjuvant aux sciences sociales, qui sont
primordiales : Faire avancer les hommes, faire tenir
les hommes, malgré l'ennemi, malgré le danger, malgré
la mort imminente, malgré l'affolement de la peur ;
obtenir de ces hommes dans la boue et le froid, par la
poussière et la chaleur, sous les obus, sans aucune récompense pécuniaire, un travail incessant, un dévouement de tous les instants, l'esprit de sacrifice, les actes
de courage, d'énergie, une attention constante, une
patience qui ne se dément pas ; diriger les efforts, les
coordonner, les grouper, les encourager ; voilà quelles
ont été les préoccupations constantes, pendant de longues années, de ces jeunes chefs, sortis du sol de France
par légions, qui se sont donnés de tout cœur à cette
grande et noble tâche.

Quel enseignement pour ceux qui pourront, après
la victoire, utiliser leur expérience dans l'industrie !

Quel peut être dans les écoles, dans les collèges, dans
les lycées, le parti que les jeunes gens et leurs maîtres
peuvent tirer de cet enseignement !

Jeunes gens, qui avez vécu cette époque, la plus grande et la plus rude qui ait été au cours des siècles, sachez profiter des exemples que vos aînés vous donnent chaque jour.

Faites de la génération qui vient une génération instruite, forte, énergique, active ! Faites-en une génération de chefs qui sauront porter aux quatre coins du monde la confiance, l'influence, l'autorité, et être dignes de la plus grande France que le sang de nos héros nous aura méritée !

TABLE DES MATIÈRES